Die Kunst des Steaks

100 köstliche Rezepte, die Ihr Grillerlebnis auf die Spitze treiben

Liese Mülle

Urheberrechtliches Material ©2023

Alle Rechte vorbehalten

Kein Teil dieses Buches darf ohne die entsprechende schriftliche Zustimmung des Herausgebers und Urheberrechtsinhabers in irgendeiner Form oder auf irgendeine Weise verwendet oder übertragen werden, mit Ausnahme von kurzen Zitaten, die in einer Rezension verwendet werden. Dieses Buch sollte nicht als Ersatz für medizinische, rechtliche oder andere professionelle Beratung betrachtet werden.

INHALTSVERZEICHNIS

INHALTSVERZEICHNIS 3

EINFÜHRUNG 8

KOBE/WAGYU-STEAK 9

    1. Kobe (Waygu) Steak 10
    2. Knoblauchbutter Wagyu-Rindfleisch 13
    3. Geräuchertes Wagyu-Steak 15
    4. Wagyu-Burger 17
    5. Wagyu-Hackbraten 19

T-BONE-STEAK 22

    6. Sous-Vide-marinierte T-Bone-Steaks 23
    7. T-Bone-Tostada-Salat 25
    8. Gegrillte T-Bone-Steaks 27

LENDENSTEAK 29

    9. Lendensteak auf Microgreens 30
    10. Chinesisches Pfeffersteak 32
    11. Pho mit Zucchininudeln 34
    12. Rindfleisch mit Brokkoli und Karotten 39
    13. Im Ofen gebackene Rindfleisch-Tagliata 41
    14. Sous Vide Beef Stroganoff 43
    15. Sous-Vide-Rindfleisch-Gyros 45
    16. Einfaches Trockenfleisch vom Rind 47
    17. Miso-Joghurt-Rindfleisch 49

RUMPSTEAK 51

    18. Luftgebratenes Rumpsteak 52
    19. Französisches Roastbeef 54

20. Italienischer Schmorbraten aus dem holländischen Ofen 56
21. Dutch Oven Rump Roast.. 58
22. Gegrilltes Wildbret 60
23. Basilikum-, Rindfleisch- und Pfefferkorn-Curry 62
24. Südafrikanisches Trockenfleisch 65
25. Roastbeef und Yorkshire-Pudding 67
26. Beef Stroganoff Crêpes 70
27. Sous-Vide-Rumpsteak 73
28. Rumpsteak à la mit Ciabatta 75

TRI-TIPP 77

29. Tri-Tipp zum Sous-Vide-Grillen 78
30. Gegrillter Bourbon-Tri-Tip 80
31. Schmorbraten-Tri-Tip 82

RIB-AUGE 84

32. Rib-Eye-Steaks mit Pfeffersauce 85
33. Reis- und Rindfleisch-Nudelsuppe 88
34. Schwarz-blauer Steakburger 90
35. Rib-Eye-Steaks aus der Pfanne 93
36. Kreuzkümmel-Limetten-Steak 96
37. Mit Steinpilzen eingeriebene Steaks 98
38. Knuspriges Sesam-Rindfleisch 100
39. Luftgebratene Philly-Cheesesteaks 104
40. Kräutergebratenes Rindfleisch mit Zwiebeln 107

ROCK-STEAK 109

41. Pfeffersteak am Spieß 110
42. Steak-Fajitas 112
43. Rindfleisch und Brokkoli 114
44. Rindfleisch-Suya 117
45. Gatsby.. 120

46. Rindfleisch-Lok-Lak 123

NEW YORK STRIP STEAK 126

47. Tequila BBQ Rindersteaks 127
48. Sous Vide klassisches New York Strip Steak 129
49. Rumgewürztes Steak mit Ananasrelish 131
50. Zitronensteaks 133
51. In der Pfanne angebratenes New York Strip Steak mit Pilzen 135
52. New Yorker Streifensteak 137
53. Steaks mit Knoblauch-Mandel-Sauce abstreifen 139

RUNDES STEAK 142

54. Gebackenes rundes Steak 143
55. Chinesisches Pfeffersteak 145
56. Crockpot Schweizer Steak 147
57. Rindfleisch mit Brokkoli oder Blumenkohlreis 149
58. Klassisches Roastbeef 151

RINDERFILET 155

59. Rinderfilet mit Bernaise-Sauce 156
60. Grütze und Grilladen 158
61. Rindfleisch-Teriyaki 161
62. Rindfleischpfanne mit schwarzem Pfeffer 163
63. Rinderfilet mit Schalotten 166
64. Gegrillter Rindfleisch-Prosciutto-Salat 168

GLÄTTEISEN STEAK 171

65. Gegrillte Flatiron-Steaks mit Tomaten 172
66. Gegrillte Rindfleisch-Tacos nach Carnitas-Art 175
67. Sesam-Rindfleisch 178
68. Balsamico-Rosmarin-Flacheisensteak 181
69. In der Pfanne angebratenes Flat Iron Steak 184

FLANK-STEAK/BAVETTE 186

- 70. Gegrillte Andouille-Wurstrouladen 187
- 71. Bulgogi vom Rind 190
- 72. Koreanisch-amerikanisches mariniertes Flankensteak 192
- 73. In der Pfanne gegrilltes Flanksteak 194
- 74. Glasiertes Flanksteak 196
- 75. Sous Vide mongolisches Rindfleisch 199
- 76. Tomaten-Rindfleisch-Pfanne 201
- 77. Mongolisches Rindfleisch 204
- 78. Sichuan-Rindfleisch mit Sellerie und Karotten 207
- 79. Saures Orangen-Beef Jerky 210
- 80. Flankensteak-Windräder 212
- 81. Mit Spargel umwickeltes Flanksteak 214
- 82. Jack Daniels Beef Jerky 216
- 83. Rindfleisch Lo Mein 218
- 84. Steak-Tacos mit rosa eingelegten Zwiebeln und Pico de Gallo 220

SCOTCH-FILET 223

- 85. Koreanisch-amerikanisches Steak 224
- 86. Scotch Filetsteaks mit getrocknetem Oregano 226
- 87. Perfektes schottisches Filet 229

KRONFLEISCH 231

- 88. Sous Vide Hanger Steak 232
- 89. Hanger Steak mit Rotwein-Schalotten-Sauce 234
- 90. Gegrilltes, mariniertes Hanger-Steak nach Bulgogi-Art 237
- 91. Metzgersteak (Hangersteak) 240

PORTERHOUSE-STEAK 243

- 92. Mit Butter bestrichenes Porterhouse 244
- 93. Porterhouse-Steak und italienisches Gemüse 247

94. Gegrilltes Doppel-Porterhouse-Steak 249
95. Gefülltes Porterhouse-Steak 251

MARKKNOCHEN 253

96. Langsam gegartes Kalbfleisch mit Pflaumen und Lauch 254
97. Osso buco mit Risotto 257
98. Osso buco alla milanese 259
99. Ossobuco mit Gremolata 262
100. Kalbshaxen Osso Buco 265

SCHLUSSFOLGERUNG 268

EINFÜHRUNG

Genießen Sie den Geschmack saftiger, zarter Steaks mit unserem ultimativen Leitfaden für die Zubereitung perfekter Steaks. Unser Kochbuch enthält 100 köstliche Steakrezepte, die Ihren Gaumen zum Singen bringen werden. Vom klassischen Lendenstück bis zum dekadenten Filet Mignon haben wir Rezepte für jeden Anlass, jede Jahreszeit und jede Geschmacksvorliebe im Angebot.

Unsere leicht verständlichen Rezepte werden von atemberaubenden Farbfotos begleitet, die Ihnen das Wasser im Mund zusammenlaufen lassen. Wir geben Tipps und Tricks zur Auswahl der richtigen Fleischstücke, zum Würzen, Marinieren und zu Kochtechniken, um das perfekte Anbraten und die zartschmelzende Textur zu erzielen.

Egal ob Sie Ihr Steak rare, medium oder well-done bevorzugen, in unserem Kochbuch ist für jeden etwas dabei. Beeindrucken Sie Ihre Gäste bei Ihrem nächsten Grillfest im Garten oder einem besonderen Anlass mit einem unserer atemberaubenden Steakgerichte!

KOBE/WAGYU-STEAK

1. **Kobe (Waygu) Steak**

Ergibt: 2 Portionen

ZUTATEN:
- 1 16 Unzen Kobe/Waygu New York Strip (½ Portion pro Person)
- 6 – 7 große Königstrompeten
- 3 Esslöffel Butter
- 1 Zweig Rosmarin
- Kobe-Steak

ANWEISUNGEN:

a) Stellen Sie sicher, dass Sie das Steak etwa eine Stunde vor der Zubereitung aus dem Kühlschrank nehmen

b) Etwa 20 Minuten vor dem Garen beide Seiten mit Salz und Pfeffer würzen und den Backofen auf 450 Grad vorheizen

c) Beginnen Sie 10 Minuten vor Beginn des Steaks mit dem Kochen der Pilze

d) Ich schneide sie am liebsten der Länge nach in halbe Scheiben (man kann sie aber auch würfeln), während ich eine Bratpfanne bei mittlerer bis hoher Hitze auf Temperatur bringe

e) Die Pfanne mit Olivenöl bestreichen und die Pilze hineingeben. Mit Salz und Pfeffer würzen und die Pilze ein paar Mal wenden, um sie zu bedecken

f) Lassen Sie die Pilze auf einer Seite braten, bis sie braun sind, und drehen Sie sie dann um, um die andere Seite zu bräunen

g) Stellen Sie für das Steak eine separate Bratpfanne mit starkem Boden auf hohe Hitze und bringen Sie es auf Temperatur, bis es gerade anfängt zu rauchen

h) Mit einer dünnen Schicht Olivenöl bestreichen und das Kobe-Steak hineinlegen. Reduzieren Sie die Hitze auf mittlere Stufe und lassen Sie es je nach Dicke etwa 3-4 Minuten lang anbraten

i) Schauen Sie noch einmal nach den Pilzen, die Sie, wenn sie gar sind, auf niedrige Hitze stellen und beiseite stellen können

j) Drehen Sie das Steak um (dies ist die erste Wendung, machen Sie sich vorher keine Mühe), um es von der anderen Seite scharf anzubraten, und schieben Sie es in den vorgeheizten Ofen mit der Butter und dem Rosmarin in die Pfanne

k) Lassen Sie es etwa 3 Minuten im Ofen garen und stellen Sie es dann wieder auf den Herd

l) Kippen Sie die Pfanne, sodass sich die geschmolzene Butter auf einer Seite sammelt, und träufeln Sie sie mit einem Löffel über das Steak. Wiederholen Sie den Vorgang 5 – 8 Mal und legen Sie das Steak dann zum Ruhen in eine Warmhaltepfanne.

m) Nach 3 – 5 Minuten (wiederum abhängig von der Dicke des Steaks) ist das Fleisch servierfertig. Entweder halbieren und zwei Portionen servieren oder 1,5 cm große Scheiben schneiden und aufgefächert auf einem warmen Teller servieren.

n) Mit den sautierten Pilzen garnieren und mit etwas mehr Rosmarinbutter aus der Pfanne beträufeln.

2. Knoblauchbutter Wagyu-Rindfleisch

Ergibt: 1 STEAK

ZUTATEN:
- 1/2 Pfund amerikanisches Wagyu Chuck Eye Roll Steak, etwa 1 Zoll dick
- Salz
- Gemahlener schwarzer Pfeffer
- 1 Esslöffel Pflanzenöl
- Knoblauchbutter
- 1/2 Esslöffel gesalzene Butter
- 1 Knoblauchzehe gehackt
- 1 Esslöffel gehackte Petersilie

ANWEISUNGEN:

a) Steak mit Papiertüchern trocken tupfen. Das Steak auf beiden Seiten mit Salz und gemahlenem schwarzem Pfeffer würzen. Beiseite legen.

b) Bereiten Sie die Knoblauchbutter zu, indem Sie gesalzene Butter, gehackten Knoblauch und gehackte Petersilie in einer Schüssel vermischen. Gut vermischen und vor der Verwendung im Kühlschrank aufbewahren.

c) Erhitzen Sie die gusseiserne Pfanne bei starker Hitze, bis sie rauchend heiß ist, und geben Sie dann Öl hinzu. Das gewürzte Steak in die Pfanne geben und auf einer Seite (nicht wenden) 2 Minuten lang anbraten. Bevor Sie es auf die andere Seite wenden, braten Sie den Fettrand des Steaks an, bis es braun und aromatisch ist.

d) Drehen Sie dann das Steak um und braten Sie es auf der anderen Seite zwei Minuten lang an. (Je nach Dicke des Steaks auf jeder Seite noch 1 bis 2 Minuten garen.) Das Steak auf einen Servierteller geben.

e) Geben Sie einen Klecks Knoblauchbutter auf das Steak und verteilen Sie es.

f) Sofort servieren.

3. Geräuchertes Wagyu-Steak

Ergibt: 1 Steak

ZUTATEN:
- 16 Unzen A5 Wagyu Ribeye
- Grobes Meersalz nach Geschmack

ANWEISUNGEN:
a) Den Smoker auf 225 Grad vorheizen. Schneiden Sie einen kleinen Teil des Fettes vom Steak ab und legen Sie es beiseite (etwa 2 Esslöffel).
b) Beide Seiten des Steaks großzügig salzen.
c) Legen Sie das Steak auf den Räucherofen und stecken Sie ein Fleischthermometer hinein. Auf eine Innentemperatur von 115 Grad räuchern. Dies dauerte etwa 30 Minuten, kann aber variieren.
d) Wenn sich das Steak dem Ziel der Innentemperatur nähert, heizen Sie eine gusseiserne Pfanne auf hohe Hitze vor. Verwenden Sie das Fett, das Sie vom Steak abgeschnitten haben, um die Pfanne einzufetten.
e) Sobald das Steak im Räucherofen fertig ist, legen Sie es auf die Pfanne.
f) Von beiden Seiten 1-2 Minuten anbraten.
g) Lassen Sie das Steak 5-10 Minuten abkühlen und genießen Sie es!

4. Wagyu-Burger

Macht: 4

ZUTATEN
- 1 Pfund Wagyu-Rindfleisch-Burger Amerikanisches Wagyu-Rindfleisch
- Salat (optional)
- Tomate (optional)
- Zwiebel (optional)
- Ketchup (optional)
- Senf (optional)

ANWEISUNGEN
a) Teilen Sie den Burger in 2 bis 4 Wagyu-Burger-Patties.
b) Erhitzen Sie die Pfanne oder den Grill auf mittlere bis hohe Hitze.
c) Legen Sie jeden Wagyu-Burger in die Pfanne. Mit einer Prise Salz würzen.
d) Bewegen oder wenden Sie die Burger nicht, bis sich am Boden eine karamellisierte braune Kruste bildet.
e) Auf der ersten Seite auf die gewünschte Temperatur garen.
f) Drehen Sie jeden Wagyu-Burger um und kochen Sie ihn auf der zweiten Seite auf die gewünschte Temperatur.

5. **Wagyu-Hackbraten**

Macht: 8

ZUTATEN
- 1 Pfund Wagyu-Rinderhackfleisch
- 1 Pfund mageres Schweinefleisch, gemahlen
- 1 mittelgroße gelbe Zwiebel grob gehackt
- Koscheres Salz nach Geschmack
- schwarzer Pfeffer nach Geschmack
- Knoblauchpulver nach Geschmack
- 6 Scheiben Weißbrot, klein gewürfelt
- 1/2 Tasse Milch
- 2 große Eier
- 3 Esslöffel gelber Senf geteilt
- 1/2 Tasse Ketchup geteilt
- 3 Esslöffel brauner Zucker hell oder dunkel

ANWEISUNGEN

a) Ofen auf 350°F vorheizen. Stellen Sie eine 9 x 5 Zoll große Kastenform mit Antihaftbeschichtung in die Spüle und sprühen Sie sie gut mit Kochspray ein. Bereiten Sie ein Backblech vor, indem Sie es mit Aluminiumfolie auslegen. Beides beiseite stellen.

b) In einer kleinen Schüssel 1 Esslöffel gelben Senf mit 1/4 Tasse Ketchup und dem gesamten braunen Zucker verrühren.

c) In einer großen Rührschüssel das Wagyu und das Hackfleisch mit den Händen zerkleinern und nach und nach verrühren. Fügen Sie die gehackte Zwiebel, koscheres Salz, schwarzen Pfeffer, Knoblauchpulver, den restlichen gelben Senf, den restlichen Ketchup, die Eier, das gewürfelte Brot und die Milch hinzu. Benutzen Sie erneut Ihre Hände und mischen Sie alles gut durch.

d) Packen Sie die Fleischmischung locker in die vorbereitete Kastenform und drücken Sie sie erst nach unten, wenn Sie die Form gefüllt haben. Gießen Sie die vorbereitete Glasur über den

Hackbraten und achten Sie darauf, dass alle Seiten und Ecken erreicht werden.

e) Stellen Sie die Kastenform auf das mit Folie ausgelegte Backblech, um zu verhindern, dass etwas überläuft. Backen Sie, bis der Laib mit einem sofort ablesbaren Thermometer eine Temperatur von 165 °F anzeigt, je nach Ofen etwa 1 Stunde bis 1 1/2 Stunden.

f) Entfernen Sie den Einsatz sehr vorsichtig mit Topflappen, da das Metall sehr heiß ist. Lassen Sie den Laib abtropfen, bevor Sie ihn vorsichtig auf eine Servierplatte gleiten lassen. Lassen Sie den Hackbraten 5 Minuten ruhen, bevor Sie ihn in Scheiben schneiden.

T-BONE-STEAK

6. Sous Vide marinierte T-Bone-Steaks

Macht: 4

ZUTATEN:
- 4 T-Bone-Steaks
- 2 Tassen Pflanzenöl
- 1 Tasse Sojasauce
- 1 Tasse Worcestershire-Sauce
- ½ Tasse Ananassaft
- 2 Esslöffel granulierter Knoblauch
- 2 Esslöffel frisch gemahlener schwarzer Pfeffer
- 2 Esslöffel trockener Senf

ANWEISUNGEN:

a) Öl, Sojasauce, Worcestershire-Sauce, Ananassaft, Knoblauch, Pfeffer und Senf in einer Schüssel vermischen und 6 Stunden im Kühlschrank aufbewahren.

b) Legen Sie jedes Steak in einen vakuumversiegelten Beutel und gießen Sie etwas Marinade hinein. Die Beutel verschließen und eine Stunde lang in den Kühlschrank stellen.

c) Stellen Sie Ihr Anova auf 51,6 °C (125 °F) für medium rare Steaks oder auf 57,2 °C (135 °F) für mittelgroße Steaks ein.

d) Tauchen Sie die Beutel in das Wasserbad und kochen Sie sie mindestens 1 Stunde und höchstens 3 Stunden lang.

e) Wenn die Steaks fast fertig sind, erhitzen Sie eine gusseiserne Pfanne auf dem Herd bei starker Hitze, bis sie rauchen.

f) Nehmen Sie die Steaks aus der Tüte und braten Sie sie 3 Minuten pro Seite an, bis eine dunkle Kruste entsteht.

7. [T-Bone-Tostada-Salat](#)

ZUTATEN:
- 8 Radieschen, sehr dünn geschnitten
- 1 Jalapeño, sehr dünn geschnitten
- ½ kleine rote Zwiebel, in dünne Scheiben geschnitten
- 2 Esslöffel natives Olivenöl extra
- 1 Esslöffel frischer Limettensaft
- Koscheres Salz und frisch gemahlener Pfeffer
- Gebratene Tostada-Muscheln oder 8 im Laden gekaufte Tostadas
- ½ Tasse Sauerrahm
- 5 Tassen fein zerkleinerter Eisbergsalat
- Mit Gewürzen eingeriebene T-Bone-Steaks, in dünne Scheiben geschnitten
- 1/4 Tasse Korianderblätter
- Limettenschnitze zum Servieren

ANWEISUNGEN:

a) In einer mittelgroßen Schüssel die Radieschen mit Jalapeño, roten Zwiebeln, Olivenöl und Limettensaft vermischen und mit Salz und Pfeffer würzen.

b) Legen Sie die Tostada-Schalen auf Teller und geben Sie die saure Sahne darüber.

c) Mit Eisbergsalat und geschnittenem Steak bedecken. Den Rettichsalat über das Steak geben und mit den Korianderblättern bestreuen.

d) Mit Limettenspalten servieren.

8. Gegrillte T-Bone-Steaks

Ergibt: 1 Portionen

ZUTATEN:
2 Lendensteaks (ca. 2,5 cm geschnitten)
Dick)
½ Tasse Sojasauce
¼ Tasse trockener Weißwein
⅛ Teelöffel Knoblauchpulver
2 Esslöffel Zucker
½ Teelöffel Ingwer
¼ Teelöffel trockener Senf
¼ Teelöffel Zwiebelpulver

Steaks in eine flache Pfanne legen. Restliche ZUTATEN vermischen:; Über die Steaks gießen und 20 Minuten marinieren. Nehmen Sie das Fleisch heraus und legen Sie es 6 Zoll von den Kohlen entfernt auf den Grill. Garen Sie es bis zum gewünschten Gargrad und bestreichen Sie es mit Marinade.

LENDENSTEAK

9. **Lendensteak auf Microgreens**

Macht: 2

ZUTATEN:
- 1 dreifache gemischte Microgreens – Knoblauch-Schnittlauch, rosa Rettich und gemischter Senf
- 1 kleiner Feldsalat, Stielansatz entfernt, Blätter abgetrennt und gewaschen
- 2 Lendensteaks
- 2 Esslöffel Olivenöl
- 1 Esslöffel Balsamico-Essig
- Eine Prise gemahlener schwarzer Pfeffer und Salz

ANWEISUNGEN:
a) Die Steaks mit Salz und frisch gemahlenem schwarzem Pfeffer würzen.
b) Die Steaks in einer Grillpfanne bei starker Hitze auf jeder Seite 3–4 Minuten braten.
c) In der Zwischenzeit den Salat zubereiten. Geben Sie die Salatblätter in eine Schüssel.
d) Schneiden Sie die drei Körbe Microgreens ab und vermengen Sie sie in der Schüssel.
e) Die Steaks mit Olivenöl und Balsamico-Essig beträufeln und auf dem Salat servieren.

10. Chinesisches Pfeffersteak

Macht: 4

ZUTATEN:
- 1 Pfund Rinderfiletsteak, in 1-Zoll-Scheiben schneiden.
- ¼ Tasse Sojasauce
- 2 Esslöffel weißer Zucker
- 2 Esslöffel Maisstärke
- ½ Teelöffel gemahlener Ingwer
- 3 Esslöffel Pflanzenöl, geteilt
- 1 rote Zwiebel, in 1-Zoll-Quadrate geschnitten
- 1 grüne Paprika, in 1-Zoll-Quadrate geschnitten
- 2 Tomaten, in Spalten geschnitten

ANWEISUNGEN:
a) Maisstärke, Ingwer, Sojasauce und Zucker in eine Schüssel geben und vermischen.
b) Steaks dazugeben und gründlich vermischen.
c) 1 Esslöffel Öl in einem Topf erhitzen und die Steaks im heißen Öl schön braun braten.
d) Zwiebeln hinzufügen und kochen lassen, bis die Zwiebeln weich sind.
e) Grünen Pfeffer einrühren und gut umrühren.
f) Wenn die Paprika anfängt, ihre Farbe zu ändern, Tomaten hinzufügen und gut umrühren.
g) 3-4 Minuten kochen lassen und dann auf eine Servierplatte geben.
h) Genießen.

11. Pho mit Zucchininudeln

ZUTATEN:
- ½ Pfund Lendensteak
- 4 Zucchini
- 1-Zoll-Stück frischer Ingwer, in Scheiben geschnitten
- 2 Zimtstangen
- 1 Esslöffel Sojasauce (für eine glutenfreie Variante Tamarisauce oder Kokosnuss-Aminosäuren verwenden)
- 2 Sternanis
- 3 ganze Nelken
- 4 Tassen Rinderknochenbrühe
- 1 Esslöffel Fischsauce

FÜR DEN BElag:
- 2 Handvoll Sojasprossen
- Kräutermischung (Koriander, Basilikum oder beides)
- 1 Jalapeño-Pfeffer, in Scheiben geschnitten (optional)
- 2 Stiele Frühlingszwiebel, gehackt
- Sriracha, Hoisinsauce und Limettenschnitze zum Servieren

ANWEISUNGEN:

a) Legen Sie das Lendensteak für 15 Minuten in den Gefrierschrank, damit es sich leichter schneiden lässt.

b) Verwenden Sie einen Spiralschneider oder einen Julienne-Schäler, um Zucchininudeln zuzubereiten. Die Zoodles auf zwei große Servierschüsseln verteilen.

c) In einem mittelgroßen Topf Zimtstangen, Sternanis und Nelken bei mittlerer Hitze rösten, bis sie duften. Knochenbrühe in die Pfanne geben, gefolgt von Ingwer, Sojasauce und Fischsauce. Zum Kochen bringen und 10 Minuten köcheln lassen, damit die Gewürze die Brühe vollständig durchziehen können.

d) Nehmen Sie das Rindfleisch aus Ihrem Gefrierschrank und schneiden Sie es in dünne Streifen. Teilen Sie das Rindfleisch in zwei Portionen und geben Sie es auf die Zoodles in die Servierschüsseln.

e) Sobald die Brühe fertig ist, teilen Sie diese ebenfalls in zwei Portionen und gießen Sie die heiße Brühe in die Servierschüsseln. Das Rindfleisch beginnt sofort zu garen und die Farbe ändert sich.

f) Den Pho mit Sojasprossen, frischen Kräutern, geschnittenem Pfeffer und Frühlingszwiebeln belegen, mit Sriracha- oder/und Hoisinsauce beträufeln, etwas Limettensaft hineinpressen und schlürfen!

1. Teriyaki-Steak-Kabobs

ZUTATEN:
- 2 lbs. Lendensteak, in 2,5 cm große Würfel geschnitten
- 16 kleine Pilze
- 16 Kirschtomaten
- 1 rote Paprika
- 1 grüne Paprika
- 1 große rote Zwiebel, in 2,5 cm große Stücke geschnitten
- Teriyaki Marinade
- 8 Holz- oder Bambusspieße

ANWEISUNGEN:

a) Steakwürfel in die Hälfte der Marinade geben, abdecken und 30–60 Minuten im Kühlschrank lagern. Holz- oder Bambusspieße in Wasser einweichen. Heizen Sie den Grill auf, sodass die gebrannten Steine heiß oder die Kohlen bereitliegen.

b) Mariniertes Fleisch und Gemüse abwechselnd auf zwei parallele Spieße aufspießen.

c) Die fertigen Kebabs mit der restlichen Marinade eintauchen oder bestreichen und dann auf den Grill legen. Legen Sie einen Streifen Aluminiumfolie unter die freiliegenden Enden des Spießes, um ein Anbrennen zu verhindern.

d) Auf dem offenen Grill 4–5 Minuten pro Seite braten und dann mit Beilagen servieren.

12. Rindfleisch mit Brokkoli und Karotten

Macht: 5

ZUTATEN:
- 2 Esslöffel Kokosöl
- 2 mittelgroße Knoblauchzehen, zerdrückt
- 1 Pfund Rinderfiletsteak, in dünne Streifen geschnitten
- 1 Karotte, in Scheiben geschnitten
- 2 Tassen Brokkoliröschen, gewürfelt
- Prise Salz
- ¼ Tasse Hühnerbrühe
- 2 Teelöffel frischer Ingwer, gerieben
- 1 Esslöffel gemahlene Leinsamen
- ½ Teelöffel rote Paprikaflocken, zerstoßen
- ¼ Teelöffel Pfeffer, frisch gemahlen
- 1 mittelgroße Frühlingszwiebel, in dünne Scheiben geschnitten

ANWEISUNGEN:
a) In einer Pfanne 1 Esslöffel Öl erhitzen und den Knoblauch etwa 1 Minute anbraten.
b) Etwa 4-5 Minuten kochen lassen, oder bis das Rindfleisch gebräunt ist.
c) Das Rindfleisch mit einem Schaumlöffel in eine Schüssel geben.
d) Brühe, Ingwer, Leinsamen, rote Pfefferflocken und schwarzen Pfeffer in einer Rührschüssel vermischen.
e) Das restliche Öl in derselben Pfanne bei mittlerer Hitze erhitzen.
f) Die Karotten-, Brokkoli- und Ingwermischung hinzufügen und etwa 3–4 Minuten kochen lassen.
g) Rindfleisch und Frühlingszwiebeln unterrühren und etwa 3-4 Minuten anbraten.

13. Im Ofen gebackene Rindfleisch-Tagliata

Macht: 6

ZUTATEN:
- 3 große Knoblauchzehen, gehackt
- 2 Teelöffel fein gehackter frischer Rosmarin
- 1 Teelöffel gehackter frischer Oregano
- 1 Esslöffel Meersalz, geteilt
- 2 Teelöffel gemahlener schwarzer Pfeffer, geteilt
- 2 (1 1/2) Pfund Lendensteaks, etwa 1 1/2 Zoll dick
- 1 Esslöffel natives Olivenöl extra
- 6 Tassen lose verpackter Rucola
- 2 Teelöffel natives Olivenöl extra
- 1 Teelöffel Zitronensaft
- ¼ Zitrone, in Scheiben geschnitten
- 2 Unzen Parmesankäse, gehobelt

ANWEISUNGEN:

a) Stellen Sie eine gusseiserne Pfanne in den Ofen und heizen Sie den Ofen auf 175 °C (350 °F) vor.

b) Knoblauch, Rosmarin, Oregano, 1 ½ Teelöffel Salz und ½ Teelöffel Pfeffer in einer kleinen Schüssel vermischen. Die Steaks mit der Gewürzmischung einreiben.

c) Nehmen Sie die Pfanne aus dem Ofen und geben Sie 1 Esslöffel Öl hinzu. Steak dazugeben und zurück in den vorgeheizten Ofen schieben. Kochen, bis die Steaks auf beiden Seiten gebräunt sind, dabei nach 10 Minuten wenden, also insgesamt etwa 20 Minuten.

d) Das Steak auf ein Schneidebrett legen und 10 Minuten ruhen lassen; dann in Scheiben schneiden.

e) Rucola auf einer Platte verteilen und mit Steakscheiben belegen. Mit 2 Teelöffeln Olivenöl und Zitronensaft beträufeln und mit Parmesankäse belegen.

14. Sous Vide Beef Stroganoff

Macht: 6

ZUTATEN:
- 1,5 Pfund Lendensteak, in Streifen geschnitten
- 2 Tassen geschnittene weiße oder Cremini-Pilze
- 2 Zwiebeln, in Scheiben geschnitten
- 1 Knoblauchzehe, gehackt
- 2 Esslöffel Butter
- ½ Teelöffel Salz
- 1-½ Tassen natriumarme Rinderbrühe
- 1 Teelöffel Worcestershire-Sauce
- 1/4 Tasse Mehl
- 1 Tasse fettfreie saure Sahne
- 3 Tassen gekochte Eiernudeln

ANWEISUNGEN:
a) Stellen Sie Ihren Anova auf 150F/65,5C ein.
b) In einer mittelgroßen Pfanne die Zwiebeln und Pilze anbraten, bis die Zwiebeln durchsichtig werden, und vom Herd nehmen.
c) Legen Sie das Rindfleisch mit der Brühe, der Zwiebelmischung, der Worcestershire-Sauce, dem Mehl und der sauren Sahne in einen vakuumversiegelten Beutel. Den Beutel verschließen und 1 Stunde lang in das Wasserbad legen.
d) Während das Rindfleisch kocht, einen Topf mit Salzwasser zum Kochen bringen und die Nudeln hinzufügen.
e) Wenn das Rindfleisch fertig gegart ist, aus dem Beutel nehmen und mit den Nudeln vermischen. Die Soße sollte cremig sein.

15. Sous-Vide-Rindfleisch-Gyros

Macht: 4

ZUTATEN:
- 1 Pfund Lendensteak
- 2 Esslöffel Olivenöl
- 2 Esslöffel Joghurt
- 1 Gurke, in Scheiben geschnitten
- 2 Esslöffel Zitronensaft
- 2 Esslöffel Salz
- 2 Esslöffel schwarzer Pfeffer
- 4 große Fladenbrote

ANWEISUNGEN:
a) Stellen Sie Ihren Anova auf 130F/54C ein.
b) Das Rindfleisch mit Salz und Pfeffer einreiben und zusammen mit dem Olivenöl in einen vakuumversiegelten Beutel geben. Den Beutel verschließen und für 3 Stunden ins Wasserbad legen.
c) Während das Rindfleisch kocht, Joghurt, Gurke und Zitronensaft vermischen.
d) Wenn das Rindfleisch fertig gegart ist, nehmen Sie es aus der Tüte und schneiden Sie es gegen die Faserrichtung in Scheiben.
e) 1/4 des Rindfleischs auf jedes Fladenbrot legen und mit der Joghurtsauce belegen. Einwickeln und sofort servieren.

16. Einfaches Trockenfleisch vom Rind

- 2 Pfund sehr mageres Rinderfilet oder Flankensteak
- ¼ Tasse dunkelbrauner Zucker
- 2 Esslöffel koscheres Salz
- 2 Esslöffel Sojasauce
- 4 Knoblauchzehen, gehackt
- 2 Teelöffel rote Paprikaflocken
- Neutrales Speiseöl

ANWEISUNGEN:

1. Schneiden Sie das Fleisch so dünn wie möglich gegen die Faserrichtung, ⅛ bis ¼ Zoll dick.
2. In einer mittelgroßen Schüssel das Fleisch mit den Händen mit Zucker, Salz, Sojasauce, Knoblauch, Pfefferflocken und ggf. schwarzem Pfeffer vermischen. Lassen Sie das Fleisch eine Stunde lang marinieren, um seinen Geschmack zu verstärken. Das Fleisch herausnehmen und die Marinade wegwerfen.
3. Heizen Sie Ihren Backofen auf die niedrigste Stufe vor. Stellen Sie einen Rost in die Mitte des Ofens und einen Rost auf den Boden. Zwei Backbleche mit Backpapier auslegen.
4. Zwei Abkühlgitter aus Draht leicht einölen und auf die mit Backpapier ausgelegten Backbleche legen. Legen Sie das marinierte Fleisch völlig flach auf die Roste. Lassen Sie nicht zu, dass sich die Teile berühren; Durch die Luftzirkulation zwischen den Teilen trocknen sie schneller.
5. Legen Sie die Backbleche in den Ofen.

17. Beef Jerky mit Miso-Joghurt

- 2 Pfund sehr mageres Rinderfilet oder Flankensteak
- 1 Tasse Vollmilchjoghurt
- ½ Tasse weißes Miso
- 4 Teelöffel fein gehackter Knoblauch
- 2 Teelöffel fein gehackter frischer Ingwer
- 2 Teelöffel feines Meersalz
- Neutrales Speiseöl

ANWEISUNGEN:

a) Heizen Sie Ihren Backofen auf die niedrigste Stufe vor. Stellen Sie einen Rost in die Mitte des Ofens und einen Rost auf den Boden. Zwei Backbleche mit Backpapier auslegen.

b) Zwei Abkühlgitter aus Draht leicht einölen und auf die mit Backpapier ausgelegten Backbleche legen. Legen Sie das marinierte Fleisch völlig flach auf die Roste. Lassen Sie nicht zu, dass sich die Teile berühren; Durch die Luftzirkulation zwischen den Teilen trocknen sie schneller.

c) Legen Sie die Backbleche in den Ofen. Wenn Sie keinen Heißluftofen haben, klemmen Sie die Ofentür mit einem Holzlöffelstiel auf. Abhängig von Ihrem Ofen, dem Wetter und der Dicke des Fleisches ist Ihr Trockenfleisch in 3 bis 8 Stunden fertig.

d) Beginnen Sie nach 3 Stunden mit der Überprüfung des Trockenfleisches. Es ist fertig, wenn man ein Stück Dörrfleisch biegen kann und es zerbricht.

RUMPSTEAK

18. Luftgebratenes Rumpsteak

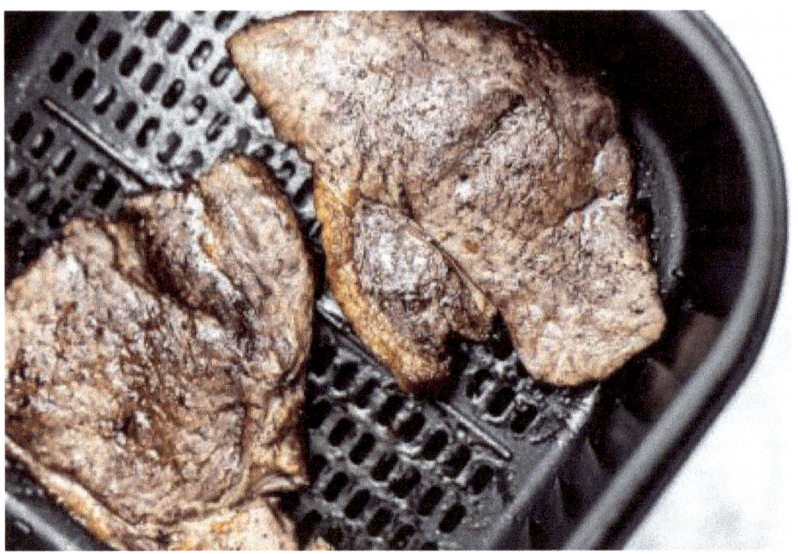

Macht: 2

ZUTATEN:
- ·2 Pfund Rumpsteak
- ·2 Zwiebeln, in Scheiben geschnitten
- ·1 grüne Paprika, in Scheiben geschnitten
- ·Salz und schwarzer Pfeffer nach Geschmack
- ·½ Tasse Parmesankäse
- ·4 Hoagies-Rollen nach Bedarf

ANWEISUNGEN::

a) Nehmen Sie einen Ninja Foodi Digital Air Fryer Oven und fetten Sie ihn mit einer Gitterschale ein.

b) Legen Sie das Steak, die Paprika und die Zwiebel in eine Schüssel und würzen Sie es mit Salz und schwarzem Pfeffer. Anschließend auf ein Backblech legen.

c) Heizen Sie den Ninja Foodi Digital Air Fryer Oven 5 Minuten lang auf 390 °F vor.

d) Schieben Sie das Blech in den Ofen und backen Sie es 10 Minuten lang bei 350 °F.

e) Sobald Sie fertig sind, legen Sie es auf eine Hoagie-Rolle und schichten Sie den geriebenen Parmesan darauf.

f) Servieren und genießen.

19. Französisches Roastbeef

Macht: 10

ZUTATEN:
- 2 Zwiebeln, geviertelt
- 1 Lorbeerblatt
- 4 Karotten geviertelt
- 4 Tassen Wasser
- 4 ganze Nelken
- 2 Rüben geviertelt
- 1 Knoblauchzehe
- 2 Selleriestangen, gehackt
- Salz, 1 Teelöffel
- 3 Pfund Rindfleisch ohne Knochen oder gerollter Rumpsteak
- 5 Pfefferkörner

ANWEISUNGEN:

a) Bratenfleisch, Wasser, Salz, Thymian, Nelken, Pfefferkörner und Lorbeerblatt vermischen.

b) 2 Stunden auf niedriger Stufe kochen.

c) Die restlichen Zutaten hinzufügen und weitere 30 Minuten kochen lassen.

d) Das Rindfleisch in dünne Scheiben schneiden und dann Rindfleisch und Gemüse mit der Brühe servieren.

20. Italienischer Schmorbraten aus dem holländischen Ofen

- 1 Rumpsteak (4-5 Pfund)
- 2 Karotten, in Scheiben geschnitten
- 1 TL Salz
- 1 ganze Zwiebel, bestreut mit
- 2 EL Speiseöl
- 2 ganze Nelken
- 2 cl Knoblauch, gehackt
- 1 cn Tomatenpüree (15 oz.)
- ½ TL getrocknetes Basilikum
- ½c Wasser oder Rotwein
- 1 EL getrocknete Petersilienflocken
- ½ TL Rinderbrühe-Granulat
- ½ TL Pfeffer
- Gekochte Eiernudeln

a) Braten mit Salz einreiben. In einem holländischen Ofen in Öl braun rösten.

b) Alle restlichen ZUTATEN hinzufügen: außer Nudeln.

c) Zum Kochen bringen; Hitze reduzieren und abgedeckt etwa 2-3 Stunden köcheln lassen, bis das Fleisch zart ist. Zwiebel wegwerfen.

d) Braten herausnehmen; in Scheiben schneiden.

e) Über Nudeln mit Soße servieren.

21. Rumpsteakbraten aus dem holländischen Ofen

- 3 bis 4 Pfund Rumpsteak
- 1 Rinderbrühwürfel
- 2 EL echte Speckstücke
- 1 Dose Rinderpilzsuppe
- 1 EL Margarine
- 1 kleine Dose Pilze
- 1 große süße Zwiebel
- 2 Tassen gekochte breite Eiernudeln

a) Zünden Sie 25 Kohlen an und warten Sie, bis eine staubige Schicht entsteht. Stellen Sie den 12-Zoll-Dutch-Ofen auf 15 Kohlen und braten Sie den Rumpsteak in Margarine von allen Seiten an.

b) Speckstücke hinzufügen und umrühren; Die Zwiebel vierteln und in den Ofen geben; Gießen Sie langsam 1/4 Tasse heißes Wasser und Goldbarren über den Braten.

c) Decken Sie den Deckel ab und legen Sie 10 Kohlen auf den Deckel.

d) Etwa eine Stunde kochen lassen. Vom Herd nehmen und die Kohlen vom Deckel entfernen. Weitere 15 Kohlen anzünden, bis sie staubig sind.

e) Geben Sie die Rinderpilzsuppe und die Dose Pilze mit Saft in den Schmortopf.

f) Mit einem Deckel abdecken und etwa 45 Minuten auf Holzkohle garen.

g) Wasser in einem anderen Topf zum Kochen bringen und Nudeln kochen; Abfluss. Den Ofen von den Kohlen nehmen.

h) Nehmen Sie den Braten aus dem Ofen und legen Sie ihn auf einen Teller. Rindfleisch in Scheiben schneiden, mit Nudeln servieren und die Pilzsauce darüber geben.

22. Gegrilltes Wildbret

ZUTATEN:
- 1–28 Unzen. In der Flasche zubereitete Grillsoße
- 1 Tasse Ketchup
- 2 T. Gurkenrelish
- 1 Tasse Rinderbrühe oder Bratensaft aus der Pfanne
- 1 kleine Zwiebel, gehackt
- 2 Zweige Sellerie, gehackt
- 2 lbs. gekochter Hirschrückenbraten

ANWEISUNGEN::

a) Alle ZUTATEN außer Wild in einem großen Topf vermischen. Bei schwacher Hitze etwa 30 Minuten kochen lassen oder bis die Soße dickflüssig ist.

b) Den Rumpsteak in die sprudelnde Soße einschneiden und so lange köcheln lassen, bis das Fleisch gerade durchgewärmt ist.

c) Ergibt 5 Portionen von 2 herzhaften Sandwiches pro Person.

23. Curry mit Basilikum, Rindfleisch und Pfefferkörnern

Ergibt 4 Portionen

ZUTATEN:
- 2 Esslöffel geriebener Ingwer
- 2 Knoblauchzehen, zerdrückt
- 500 g Rumpsteak oder Rundsteak
- 250 ml (9 oz/1 Tasse) Kokoscreme
- 1 Esslöffel fertige gelbe Currypaste
- 80 ml (2½ oz/1/3 Tasse) Fischsauce
- 60 g (2¼ oz/1/3 Tasse) gehobelter Palmzucker
- 2 Stängel Zitronengras, nur der weiße Teil, fein gehackt
- 1 dicke Scheibe Galgant
- 4 Kaffernlimettenblätter
- 2 Tomaten, in 2 cm große Würfel geschnitten
- 400 g Bambusstücke aus der Dose, abgetropft und in kleine Stücke geschnitten
- 25 g (1 oz) eingelegte grüne Thai-Pfefferkörner am Stiel
- 2 Esslöffel Tamarindenpüree
- 1 große Handvoll Thai-Basilikum, gehackt

ANWEISUNGEN::

a) Ingwer und Knoblauch in einem Mörser mit einem Stößel oder einer Küchenmaschine zu einem groben Brei zerstoßen.

b) Schneiden Sie das Fleisch in Streifen von 5 cm x 2 m (2 in x ¾ in) und 3 mm (1/8 in) Dicke.

c) Die Ingwer-Knoblauch-Paste mit dem Rindfleisch vermengen und 30 Minuten marinieren.

d) Die Hälfte der Kokoscreme in einer Auflaufform mit schwerem Boden bei mittlerer Hitze zum Kochen bringen und dann auf kleiner Flamme köcheln lassen. Die gelbe Currypaste einrühren und 3–5 Minuten kochen lassen.

e) Fischsauce und Palmzucker dazugeben und rühren, bis sich der Zucker aufgelöst hat.

f) Erhöhen Sie die Hitze auf eine hohe Stufe, fügen Sie die restlichen ZUTATEN und 375 ml (13 oz/1½ Tassen) Wasser hinzu und bringen Sie das Curry zum Kochen, reduzieren Sie es dann auf köcheln und kochen Sie es ohne Deckel 1–1¼ Stunden lang oder bis das Rindfleisch zart ist.

g) Überprüfen Sie die Würze und korrigieren Sie sie, indem Sie bei Bedarf zusätzliche Fischsauce oder Palmzucker hinzufügen.

h) Die restliche Kokoscreme unterrühren und sofort servieren.

24. Südafrikanisches Trockenfleisch

- 2 Pfund Rinderfilet, Lendenstück, Rumpsteak
- 1 Tasse Rotweinessig
- 6 Esslöffel Koriandersamen
- 4 Teelöffel schwarze Pfefferkörner
- 2 Esslöffel koscheres Salz
- Neutrales Speiseöl

a) Schneiden Sie das Fleisch in etwa 2,5 cm dicke Stücke. Gießen Sie den Essig in eine kleine Schüssel und tauchen Sie jedes Stück kurz in den Essig.

b) Eine kleine Pfanne bei mittlerer Hitze 1 Minute lang erhitzen. Den Koriander dazugeben und unter ständigem Rühren zugeben.

c) Mahlen Sie den gerösteten Koriander und die Pfefferkörner in einer Gewürzmühle, einer Kaffeemühle oder einer Küchenmaschine, bis sie fein gemahlen sind.

d) Sobald das Fleisch getrocknet ist, vermengen Sie es mit den gemahlenen Gewürzen.

e) Einen Abkühlrost aus Draht leicht einölen und auf das mit Backpapier ausgelegte Backblech legen. Lassen Sie die Gewürze auf der Fleischoberfläche erhalten und legen Sie das Fleisch völlig flach auf den Rost. Lassen Sie nicht zu, dass sich die Teile berühren. Durch die Luftzirkulation zwischen den Teilen trocknen sie schneller.

f) Legen Sie die Backbleche in den Ofen. Wenn Sie keinen Heißluftofen haben, klemmen Sie die Ofentür mit einem Holzlöffelstiel auf. Abhängig von Ihrem Ofen, dem Wetter und der Dicke des Fleisches ist Ihr Biltong in 5 bis 9 Stunden fertig.

25. Roastbeef und Yorkshire Pudding

Macht: 2

ZUTATEN:
- ·1 Ei, geschlagen
- ·½ Tasse Milch
- ·½ Tasse Mehl
- ·1/8 Teelöffel Salz
- ·Salz, nach Geschmack
- ·Frisch gemahlener Pfeffer nach Geschmack
- ·1 Pfund Rumpsteak
- ·Knoblauchpulver nach Geschmack

ANWEISUNGEN::

a) Schalten Sie Ihren Ninja Foodi Digital Air Fryer Oven ein und drehen Sie den Knopf, um „Air Roast" auszuwählen.

b) Stellen Sie den Timer auf 90 Minuten und die Temperatur auf 375 °F ein.

c) Wenn das Gerät piept, um anzuzeigen, dass es vorgeheizt ist, legen Sie das Rindfleisch auf eine Anbratenplatte und würzen Sie es mit Salz, Knoblauchpulver und Pfeffer.

d) Etwa 90 Minuten im Ofen rösten, bis der dickste Teil des Rindfleischs eine Temperatur von 60 °C erreicht hat.

e) Aus dem Ofen nehmen, Bratenfett auffangen.

f) Nehmen Sie eine kleine Schüssel und schlagen Sie das Ei schaumig.

g) Nehmen Sie eine weitere Schüssel, verrühren Sie Salz und Mehl. Das geschlagene Ei hineingießen und Milch hinzufügen.

h) Heizen Sie nun vor, indem Sie den Timer auf 3 Minuten und die Temperatur auf 400 °F einstellen.

i) Gießen Sie den zurückbehaltenen Bratensaft in eine Dose. Für ca. 3 Minuten in den vorgeheizten Backofen geben.

j) Aus dem Ofen nehmen und die Mehlmischung in die heißen Tropfen geben.

k) Zurück in den Ofen und den Timer auf 20 Minuten oder bis es braun ist, einstellen.

l) Warm servieren und genießen!

26. Beef Stroganoff Crêpes

Ergibt: 1 Portion

ZUTATEN:
- 18 Crêpes
- 2 Teelöffel Worcestershire-Sauce
- ⅓ Tasse Butter
- ⅓ Tasse Tomatensauce
- 1 Zwiebel
- ⅓ Tasse Rotwein
- 2 Knoblauchzehen
- ½ Teelöffel schwarzer Pfeffer
- ½ Pfund Pilze
- ⅓ Tasse Rinderbrühe
- 2 Pfund Rumpsteak
- 2 Teelöffel Salz
- ¼ Teelöffel gemahlener Kreuzkümmel
- 2 Tassen Sauerrahm
- ¼ Teelöffel Majoran
- Gehackten Schnittlauch

ANWEISUNGEN:

a) Zwiebel und Knoblauch in Butter anbraten, bis die Zwiebel weich ist. Die Pilze in dünne Scheiben schneiden und in einer Pfanne anbraten. Fünf Minuten kochen lassen.

b) Steak in dünne Streifen schneiden und zusammen mit Kreuzkümmel, Majoran, Worcestershire- und Tomatensauce in die Pfanne geben.

c) Häufig umrühren und kochen, bis das Fleisch braun wird.

d) Wein, Brühe, Salz und Pfeffer hinzufügen und kochen, bis es weich ist.

e) Sauerrahm hinzufügen und erhitzen, bis es warm ist. Füllen Sie nun jeden Crêpe mit der Stroganoff-Mischung.

f) Umklappen und in eine flache, gebutterte Auflaufform geben. 20 Minuten bei 350 °F im Ofen backen. Mit Schnittlauch bestreuen und servieren.

27. Sous-Vide-Rumpsteak

ZUTATEN: für 2 Portionen

- 2 Stk Rumpsteak (Roastbeef) a 250g
- 1 PreisSalz
- 1 Preispaprika
- 1 Schuss Öl für die Pfanne

a) Beim Rumpsteak-Rezept ist es wichtig, vorab zu wissen, wie man das Fleisch haben möchte.

b) Daraus und durch die Fleischdicke ergeben sich auch unterschiedliche Garzeiten und Gartemperaturen – Details siehe unten.

c) Die ideale Dicke der Steaks sollte zwischen 2-3 cm liegen und eine schöne Marmorierung aufweisen. Waschen Sie das Fleisch zunächst, tupfen Sie es trocken und vakuumieren Sie dann jedes Fleischstück in einer geeigneten Kochfolie.

d) Legen Sie nun die beiden Fleischstücke nebeneinander in das Sous-Vide-Gerät (oder den Dampfgarer) und garen Sie es je nach gewünschtem Gargrad.

e) Nach dem Garen das Fleisch herausnehmen, aus der Tüte schneiden, den Saft auffangen – dieser kann als Grundlage für eine Soße dienen – das Fleisch etwas abtupfen, salzen und pfeffern und in einer sehr heißen Pfanne mit einem Schuss Öl oder Butter erhitzen von beiden Seiten scharf anbraten – ca. 60-90 Sekunden auf jeder Seite.

28. Rumpsteak à la mit Ciabatta

für 1 Portion

ZUTATEN:
- 300 g Rindfleisch
- 1 Packung Rucola
- 100 g Pinienkerne
- 2 Knoblauchzehen
- 100 g Parmesan
- 150 ml Olivenöl
- 1 Ciabatta zum Backen
- 50 g Kirschtomate
- 1 Kugel Mozzarella
- Salz und Pfeffer

a) Das Rinderfilet vakuumieren und 10–15 Minuten ruhen lassen. bei Zimmertemperatur ruhen lassen. Erwärmen Sie das Wasser auf 56 °C und legen Sie das Filet in das Wasserbad mit konstanter Temperatur. Im Wasserbad ca. 50 – 55 Minuten garen.
b) In der Zwischenzeit das Brot nach Packungsanleitung backen:
c) Bereiten Sie das Pesto zu: Rucola, Pinienkerne, Parmesan und Öl verrühren, bis eine cremige Masse entsteht. Mozzarella und Tomaten in kleine Würfel schneiden.
d) Das Brot in Scheiben schneiden und mit dem Pesto bestreichen. Die Tomaten- und Mozzarellastücke auf die bestrichenen Scheiben legen.
e) Eine Pfanne erhitzen und das Filetsteak darin scharf anbraten. Mit Salz und Pfeffer bestreut servieren.

TRI-TIPP

29. Sous-Vide-Grill-Tri-Tipp

Macht: 6

ZUTATEN:
- 1 (2-3 Pfund) Tri-Tip-Steak
- 1 Esslöffel Salz
- 1 Esslöffel schwarzer Pfeffer
- 2 Teelöffel Chilipulver
- 2 Teelöffel gemahlener Senf
- ½ Tasse Barbecuesauce

ANWEISUNGEN:
a) Stellen Sie Ihren Anova auf 130F/54,4C ein.
b) Reiben Sie das Tri-Tip mit Salz, Pfeffer, Chilipulver und Senf ein.
c) In einen vakuumversiegelten Beutel geben und 6 Stunden lang ins Wasserbad legen
d) Wenn das Tri-Tip im Wasserbad fast fertig ist, erhitzen Sie Ihren Grill auf höchste Stufe.
e) Nehmen Sie das Tri-Tip aus der Tüte und bestreichen Sie es großzügig mit Barbecue-Sauce. Etwa 10 Minuten grillen oder bis die Barbecue-Sauce eine leichte Kruste bildet. Für eine dickere Kruste wiederholen Sie diesen Schritt mit zusätzlicher Barbecue-Sauce.
f) Vom Grill nehmen und zum Servieren gegen die Faser aufschneiden.

30. **Gegrillter Bourbon-Tri-Tip**

Ergibt: 8 Portionen

ZUTATEN:
4 bis 6 Pfund Tri-Tip
2 große rote Zwiebeln
½ Tasse frischer Rosmarin
½ Tasse frische Minzblätter
½ Tasse Bourbon
1 Esslöffel Salz
¾ Tasse bis 1 Tasse Balsamico-Essig
2 Tassen Tomatensaft
6 bis 12 Knoblauchzehen
½ Tasse Sojasauce
BOURBON-MARINADE

1. Alle ZUTATEN für die Marinade in einer Küchenmaschine mit Metallmesser vermischen.

2. Legen Sie den Tri-Tip in eine Glas-, Keramik- oder Plastikpfanne und gießen Sie die Marinade darüber. 2 Stunden bei Raumtemperatur oder bis zu 3 Tage im Kühlschrank ruhen lassen.

3. Zum Grillen die Kohlen heiß halten und auf beide Seiten eines Kugelgrills legen. Für einen rauchigeren Geschmack geben Sie mehrere Handvoll eingeweichte Räucherchips zu den heißen Kohlen. Legen Sie das Fleisch auf den Grill und decken Sie es mit dem Deckel ab. Etwa 30 Minuten lang grillen oder bis ein in der Mitte eingesetztes Fleischthermometer 120 Grad für „Rare" oder 130 Grad für „Medium" erreicht.

31. Schmorbraten-Tri-Tip

Ergibt: 8 Portionen

ZUTATEN:
2 Pfund Sirloin Tri-Tip
Salz und Pfeffer – je nach Wunsch
2 Esslöffel Öl
1 mittelgroße Zwiebel – geschält und geviertelt
1 Karotte – geschnitten
1 Selleriestiel – gehackt
2 Esslöffel Mehl
1 Tasse Rotwein
3 Tassen Hühnerbrühe
1 Teelöffel Thymian

a) Das Fleisch trocken tupfen, mit Salz und Pfeffer bestreuen. Das Öl in einem großen, feuerfesten Schmortopf erhitzen, das Fleisch dazugeben und bei starker Hitze von beiden Seiten anbraten.

b) Nehmen Sie das Fleisch aus dem Topf, reduzieren Sie die Hitze auf mittlere Stufe, fügen Sie Zwiebeln, Karotten und Sellerie hinzu und kochen Sie es unter Rühren. Servieren Sie die Sauce separat.

RIB-AUGE

32. Rib-Eye-Steaks mit Pfeffersauce

Macht: 2

ZUTATEN:
- 2 Esslöffel Olivenöl
- 2 x 250 g Rib-Eye-Steaks
- 4 Thymianzweige
- 30g Butter
- 1 Bananenschalotte, geschält und fein gewürfelt
- 2 Esslöffel grüne Pfefferkörner
- 1 große Knoblauchzehe, geschält und fein gehackt
- 50 ml Cognac
- 1 Teelöffel Dijon-Senf
- 200 ml Rinderbrühe
- 2 Spritzer Worcestershire-Sauce
- 150 ml Doppelrahm
- Meersalz und frisch gemahlener schwarzer Pfeffer

ANWEISUNGEN:

a) Stellen Sie eine große, beschichtete Bratpfanne auf hohe Hitze. Die Steaks mit Olivenöl einreiben und großzügig mit Salz und Pfeffer würzen. Wenn die Pfanne rauchend heiß ist, geben Sie die Steaks hinein und lassen Sie sie auf jeder Seite 2–3 Minuten braten, wenn Sie Ihre Steaks medium rare mögen.

b) Nehmen Sie die Pfanne vom Herd, geben Sie dann Thymian und Butter hinzu und begießen Sie die Steaks mindestens eine Minute lang. Drehen Sie sie um und begießen Sie sie erneut. Steaks und Thymian auf einen warmen Teller geben und ruhen lassen.

c) Stellen Sie die Pfanne wieder auf mittlere Hitze, geben Sie die Schalotte hinzu und kochen Sie sie 2–3 Minuten lang oder bis sie weich ist. Die grünen Pfefferkörner und den Knoblauch hinzufügen und 1–2 Minuten kochen lassen.

d) Den Cognac dazugeben und vorsichtig flambieren. Senf, Rinderbrühe und Worcestershire-Sauce hinzufügen, gut umrühren und die Hitze auf eine hohe Stufe erhöhen. Lassen Sie die Brühe auf die Hälfte reduzieren, bevor Sie die Sahne hinzufügen. Lassen Sie es noch einige Minuten kochen, bis die Creme eingedickt ist.

e) Legen Sie die ruhenden Steaks auf Servierteller und gießen Sie den restlichen Saft in die Sauce. Rühren Sie die Sauce gut um und würzen Sie sie ab, bevor Sie sie über die Steaks gießen und mit grünem Gemüse servieren.

33. Nudelsuppe mit Reis und Rindfleisch

Vorbereitungszeit: 30 Minuten
Kochzeit: 75 Minuten
Ergibt: 8 Personen

ZUTATEN:
- ½ ganzer koreanisch-amerikanischer Rettich
- ½ Pfund Rinderrippensteak
- ¼ Pfund chinesische Nudeln
- 1⅓ Pfund Rinderhaxe
- 5 Knoblauchzehen
- 1 Frühlingszwiebel, groß und gehackt
- Nach Geschmack würzen

ANWEISUNGEN:

a) Nehmen Sie das Rindfleisch und schneiden Sie es in mundgerechte Stücke.

b) Den Rettich in zwei Stücke schneiden.

c) Kochen Sie sie nun zusammen in einem großen Topf mit 30 Tassen Wasser. Sobald es kocht, reduzieren Sie die Hitze und lassen Sie es 60 Minuten lang köcheln.

d) Sobald das Fleisch zart ist, nehmen Sie es zusammen mit dem Rettich aus der Brühe, lassen Sie die Brühe abkühlen und entfernen Sie überschüssiges Fett.

e) Wenn Sie den Rettich verarbeiten können, schneiden Sie ihn in ⅛ dicke Scheiben.

f) Das Fleisch mit den Radieschenscheiben wieder in die Brühe geben und erneut aufkochen lassen, diesmal die Nudeln hinzufügen.

g) Die Frühlingszwiebeln dazugeben und mit Salz und Pfeffer abschmecken.

h) In Suppentassen servieren und genießen.

34. Schwarzer und blauer Steakburger

Macht: 4

ZUTATEN:
- ¾ Pfund fettes Rib-Eye-Steak
- ¾-Pfund-Lendensteak
- 2 Unzen Blauschimmelkäse
- 1 Prise Salz und frisch gemahlener schwarzer Pfeffer nach Geschmack • 1 ½ Esslöffel Mayonnaise oder nach Geschmack
- 4 Hamburgerbrötchen, geteilt und geröstet • 2 Unzen eingelegte rote Zwiebeln, oder nach Geschmack

ANWEISUNGEN:

a) Schneiden Sie die Steaks in zwei Hälften und dann in etwa 1/4 bis 1/2 Zoll dicke Streifen. In eine Schüssel geben und mit Plastikfolie abdecken. Etwa 30 Minuten bis 1 Stunde einfrieren, bis es sehr kalt und fest, aber noch nicht ganz gefroren ist. Legen Sie Blauschimmelkäse ebenfalls in den Gefrierschrank, damit er leichter zu handhaben ist.

b) Zerkleinern Sie das teilweise gefrorene Steak mit einem scharfen Messer oder Fleischerbeil, bis es grob gehacktem Fleisch ähnelt. Streuen Sie etwa eine halbe Tasse (ausgepackt) Blauschimmelkäse darüber. Mit dem Hackbeil falten und in das Fleisch schneiden.

c) Befeuchten Sie Ihre Hände leicht mit Wasser und rollen Sie die Mischung in 3 oder 4 Pastetchen

d) Auf einzelne Plastikfolienstücke flach drücken; verschließen und bis zum Kochen im Kühlschrank aufbewahren.

e) Wickeln Sie die Pastetchen aus und drücken Sie sie weiter, bis sie die gewünschte Dicke haben. Beide Seiten mit Salz und Pfeffer würzen.

f) Erhitzen Sie eine trockene Gusseisenpfanne bei mittlerer bis hoher Hitze, bis sie sehr heiß ist. Braten Sie jedes Patty an, ohne es zu stören, bis sich auf dem Boden eine Kruste bildet, etwa 3 Minuten. Umdrehen und weitergaren, bis die Oberfläche bei leichtem Druck zurückspringt, weitere ca. 3 Minuten.

g) Verteilen Sie etwas Mayonnaise auf jeder unteren Brötchenhälfte. Die Patties auf den Brötchen servieren und mit eingelegten roten Zwiebeln garnieren.

35. Rib-Eye-Steaks aus der Pfanne

Ergibt: 4 (je 4 Unzen)

ZUTATEN:

- 2 Rib-Eye-Steaks mit Knochen (1 ¼ - 1 ½ Zoll dick)
- 4 Teelöffel fein gehackte frische Rosmarinblätter
- 2 Esslöffel Olivenöl
- 2 Teelöffel Stone House-Gewürz oder ein anderes Gewürz Ihrer Wahl
- 2 Esslöffel ungesalzene Butter

ANWEISUNGEN::

a) Die Steaks mit Gewürzen bestreuen. Gut einreiben.

b) Legen Sie es auf ein Backblech und streuen Sie Rosmarinblätter darüber.

c) Decken Sie das Backblech mit Frischhaltefolie ab und legen Sie es in den Kühlschrank. Sie bleiben bis zu 3 Tage frisch.

d) Nehmen Sie das Backblech 30 Minuten vor dem Kochen aus dem Kühlschrank und legen Sie es auf Ihre Arbeitsplatte.

e) Stellen Sie eine Pfanne auf mittlere bis hohe Hitze und lassen Sie sie erhitzen. Öl und Butter hinzufügen und warten, bis die Butter geschmolzen ist.

f) Steaks in die Pfanne legen.

g) Für seltene Fälle: Auf beiden Seiten 2-3 Minuten anbraten, sodass das Steak von allen Seiten goldbraun wird. Begießen Sie die Steaks während des Garens mit der Flüssigkeit.

h) Drücken Sie das Steak mit einer Zange (hinterer Teil) in der Mitte fest. Wenn es weich ist, nehmen Sie das Steak aus der Pfanne und legen Sie es auf ein Schneidebrett.

i) Für mittelgroß: 4 Minuten kochen lassen oder bis die Unterseite leicht goldbraun ist. Drehen Sie die Seiten einmal um und braten

Sie die andere Seite 4 Minuten lang. Begießen Sie die Steaks während des Garens mit der gekochten Flüssigkeit.

j) Drücken Sie das Steak mit einer Zange in der Mitte fest. Wenn es etwas fester ist, nehmen Sie die Steaks aus der Pfanne.

k) Für ein durchgegartes Gericht: 5-6 Minuten kochen lassen oder bis die Unterseite goldbraun ist. Drehen Sie die Seiten einmal um und braten Sie die andere Seite 5–6 Minuten lang. Begießen Sie die Steaks während des Garens mit der gekochten Flüssigkeit.

l) Drücken Sie das Steak mit einer Zange (hinterer Teil) in der Mitte fest. Wenn es sehr fest ist, nehmen Sie die Steaks aus der Pfanne.

m) Wenn die Steaks nach Ihren Wünschen gegart sind, nehmen Sie die Steaks aus der Pfanne und legen Sie sie auf ein Schneidebrett.

n) Decken Sie das Steak mit Folie ab und lassen Sie es 5 Minuten ruhen.

o) Gegen die Faserrichtung aufschneiden und servieren.

36. Kreuzkümmel-Limetten-Steak

Macht: 4

ZUTATEN:
- 20 Einmal. Steak mit magerem Rib-Eye
- 6 Spitzen Brokkoli
- ½ Tasse Rinderbrühe
- ¼ Esslöffel Limettensaft
- 1 ½ Löffel gemahlener Kreuzkümmel
- 1 ½ Löffel gemahlener Koriander
- 2 große, fein gehackte Knoblauchzehen
- 3 Pfund Olivenöl

ANWEISUNGEN:
a) Alle ZUTATEN der Marinade (außer Öl) in einem Mixer vermischen.
b) Geben Sie bei langsam laufendem Motor Öl in einen Mixer.
c) Bis zur Verwendung kühl stellen und abdecken. Gießen Sie 1 Tasse Marinade über die Steaks in einer Glasschale und bedecken Sie sie von allen Seiten.
d) Abdecken und 6 Stunden (oder über Nacht) abkühlen lassen.
e) Über mittelgroßen Kohlen grillen, regelmäßig wenden und mit einer halben Tasse übrig gebliebener Marinade reinigen.
f) Brokkoli daneben dünsten und servieren.

37. Mit Steinpilzen eingeriebene Steaks

Macht: 2

ZUTATEN:
- 2 Esslöffel Zucker
- 1 Esslöffel Salz
- 5 Knoblauchzehen, fein gehackt
- 1 Esslöffel scharfe rote Paprikaflocken
- 1 Esslöffel schwarzer Pfeffer
- 30 g trockene Steinpilze, fein gemahlen
- 60 ml Olivenöl, plus etwas zum Beträufeln
- 1 x 600–800 g Rib-Eye-Steak, 4 cm dick geschnitten
- Balsamico-Essig zum Beträufeln

ANWEISUNGEN:

a) In einer kleinen Schüssel Zucker, Salz, Knoblauch, rote Paprikaflocken, Pfeffer, Pilzpulver und Olivenöl vermischen und gut verrühren, bis eine dicke, ziemlich trockene Paste entsteht. Reiben Sie das Steak gleichmäßig mit der Paste ein. In Frischhaltefolie einwickeln und 12 Stunden oder über Nacht kalt stellen.

b) Eine Grillpfanne erhitzen. Das Steak aus dem Kühlschrank nehmen und überschüssige Marinade abbürsten. Bei mittlerer bis hoher Hitze 20–25 Minuten garen, dabei alle 6 Minuten wenden, bis es mittelgar ist.

c) Lassen Sie das Steak 10 Minuten ruhen und schneiden Sie es dann gegen die Faser auf. Mit Olivenöl und Balsamico-Essig beträufeln und servieren.

38. Knuspriges Sesam-Rindfleisch

PERSONEN: 4

ZUTATEN:
- ·1 mittelgroßer Daikon-Rettich
- · 1 Pfund Ribeye-Steak, in ¼-Zoll-Streifen geschnitten
- ·1 EL. Kokosnussmehl
- ·½ TL. Guarkernmehl
- ·1 EL. Kokosnussöl
- ·4 EL. Sojasauce
- ·1 Teelöffel. Sesamöl
- ·1 Teelöffel. Austernsauce
- ·1 EL. + 1 TL. Reisessig
- ·1 Teelöffel. Sriracha oder Sambal Olek und ½ TL. Rote Pfefferflocken
- ·1 EL. Geröstete Sesamkörner
- ·½ mittelgroße rote Paprika, in dünne Streifen geschnitten
- ·½ mittelgroßer Jalapeno-Pfeffer, in dünne Ringe geschnitten
- ·1 mittelgroße Frühlingszwiebel, gehackt
- ·1 Knoblauchzehe, gehackt
- ·1 Teelöffel. Ingwer, fein gehackt
- ·7 Tropfen flüssiges Stevia
- ·Öl zum braten

ANWEISUNGEN:

a) Beginnen Sie mit der Zubereitung der Daikon-Nudeln für dieses Rezept. Schneiden Sie den Daikon-Rettich mit einem Spiralschneider in Scheiben, so dass Nudelfäden übrig bleiben.

b) Sobald Sie den gesamten Daikon-Rettich geschält haben, weichen Sie die Daikon-Nudeln 20 Minuten lang in einer Schüssel mit kaltem Wasser ein.

c) Das Rib-Eye-Steak in kleine, etwa 1/4 dicke Streifen schneiden.

d) Legen Sie das Rib-Eye-Steak in eine Schüssel und gießen Sie Kokosmehl und Guarkernmehl über das Fleisch, um alle Stücke zu bedecken.

e) Dieses Mehl dient als leichte Brotringe, schneidet die Frühlingszwiebeln in kleine Stücke und zerkleinert den Knoblauch und den Ingwer.

f) Bereiten Sie das gesamte Gemüse vor. Rote Paprika in dünne Streifen schneiden, Jalapeno in dünne Ringe schneiden

g) Kokosöl in einer Wok-Pfanne oder einer großen Pfanne bei mittlerer Hitze erhitzen. Sobald es heiß ist, fügen Sie Knoblauch, Ingwer und rote Paprikastreifen hinzu. 2 Minuten braten, bis es aromatisch ist, dabei darauf achten, dass es nicht anbrennt. Sojasauce, Austernsauce, Sesamöl, Reisessig, Stevia und Sriracha hinzufügen.

h) Alles verrühren und 1–2 Minuten einkochen lassen. Dann Sesamkörner und rote Paprikaflocken zur Saucenmischung geben und umrühren.

i) Während das Gemüse kocht, erhitzen Sie 2,5 cm Speiseöl in einem großen Topf oder einer Fritteuse bei starker Hitze, bis es eine Temperatur von 180 °C erreicht. Sobald das Öl die richtige Temperatur erreicht hat, fügen Sie Rindfleischstreifen hinzu und achten Sie darauf, den Topf nicht zu überfüllen.

j) Bei dieser flachen Brattechnik müssen Sie das Fleisch in der Pfanne einmal wenden, damit beide Seiten gleichmäßig garen. Auf jeder Seite 2-3 Minuten braten, oder bis das Fleisch eine tiefbraune Kruste zu entwickeln beginnt.

k) Nehmen Sie das Rindfleisch aus dem Öl und legen Sie es auf Papiertücher, um etwas Öl aufzusaugen.

l) Geben Sie anschließend das gegarte, knusprige Rindfleisch in die Wok-Pfanne mit der Soße und rühren Sie alles um. Weitere 2 Minuten kochen lassen, damit sich die Aromen von Fleisch und Soße entfalten.

m) Lassen Sie die Daikon-Rettich-Nudeln abtropfen und verteilen Sie sie auf jedem Servierteller.

n) Jeweils eine Portion Sesamrindfleisch darauflegen. Mit Jalapenoscheiben und Frühlingszwiebeln garnieren.

39. Luftgebratene Philly-Cheesesteaks

Portionen: 2

- 12 Unzen (340 g) Rib-Eye-Steak ohne Knochen, in dünne Scheiben geschnitten
- ½ Teelöffel Worcestershire-Sauce
- ½ Teelöffel Sojasauce
- Koscheres Salz und gemahlener schwarzer Pfeffer nach Geschmack
- ½ grüne Paprika, entstielt, entkernt und in dünne Scheiben geschnitten
- ½ kleine Zwiebel, halbiert und in dünne Scheiben geschnitten
- 1 Esslöffel Pflanzenöl
- 2 weiche Hoagie-Brötchen, jeweils zu drei Vierteln geteilt
- 1 Esslöffel Butter, weich
- 2 Scheiben Provolone-Käse, halbiert

Kombinieren Sie das Steak, Worcestershire-Sauce, Sojasauce, Salz und gemahlenen schwarzen Pfeffer in einer großen Schüssel. Gut umrühren. Beiseite legen.

Paprika, Zwiebel, Salz, gemahlenen schwarzen Pfeffer und Pflanzenöl in einer separaten Schüssel vermischen. Mischen, damit das Gemüse gut bedeckt ist.

Legen Sie das Steak und das Gemüse in den Heißluftfritteusenkorb. Stellen Sie den Heißluftfritteusenkorb auf die Backform und schieben Sie ihn in Rostposition 2, wählen Sie Heißluftfrittieren, stellen Sie die Temperatur auf 205 °C (400 °F) und die Zeit auf 15 Minuten ein.

Beim Garen wird das Steak gebräunt und das Gemüse zart. Übertragen Sie sie auf einen Teller. Beiseite legen.

Die Hoagie-Brötchen mit Butter bestreichen und in den Korb legen.

Wählen Sie „Toast" und stellen Sie die Zeit auf 3 Minuten ein. Zurück in den Ofen. Wenn die Brötchen fertig sind, sollten sie leicht gebräunt sein.

Legen Sie die Brötchen auf eine saubere Arbeitsfläche und verteilen Sie die Steak-Gemüse-Mischung auf die Brötchen. Mit Käse bestreichen. Übertragen Sie die gefüllten Brötchen in den Korb.

Wählen Sie Air Fry und stellen Sie die Zeit auf 2 Minuten ein. Zurück in den Ofen. Wenn der Käse fertig ist, sollte er geschmolzen sein. Sofort servieren.

40. Kräutergebratene Rindfleischspitzen mit Zwiebeln

Für 4 Personen

1 Pfund Rib-Eye-Steak, gewürfelt
2 Knoblauchzehen, gehackt
2 Esslöffel Olivenöl
1 Esslöffel frischer Oregano
1 Teelöffel Salz
½ Teelöffel schwarzer Pfeffer
1 gelbe Zwiebel, in dünne Scheiben geschnitten

1 . Heizen Sie die Heißluftfritteuse auf 380 °F vor.
2 . In einer mittelgroßen Schüssel Steak, Knoblauch, Olivenöl, Oregano, Salz, Pfeffer und Zwiebeln vermischen. Mischen, bis das gesamte Rindfleisch und die Zwiebel gut bedeckt sind.
3 . Geben Sie die gewürzte Steakmischung in den Korb der Heißluftfritteuse. 5 Minuten rösten. Umrühren und weitere 5 Minuten rösten.
4 . Lassen Sie es 5 Minuten ruhen, bevor Sie es mit Ihren Lieblingsbeilagen servieren.

ROCK-STEAK

41. Pfeffersteak am Spieß

ZUTATEN:
- 1½ bis 2 Pfund Rocksteak, getrimmt
- 1 Esslöffel trockener Senf
- ½ Tasse Rotweinessig
- 1 Teelöffel Salz
- ½ Tasse weißer Trauben- oder Apfelsaft
- 1 Tasse Olivenöl
- ¼ Tasse Zwiebel, fein gewürfelt
- 6 kleine bis mittlere Zwiebelzwiebeln
- 1 Esslöffel geriebener getrockneter Salbei
- 2 Paprika, geviertelt
- 1 Esslöffel frisch gemahlener schwarzer Pfeffer
- 6 lange Spieße aus Metall oder Holz
- 1 Esslöffel gemahlener Koriander

ANWEISUNGEN:

a) Erhitzen Sie den Grill auf mäßige Hitze. Legen Sie das Steak in eine Glasschale. In einer anderen Schüssel Weinessig, Saft, Zwiebelwürfel, Salbei, Pfeffer, Koriander, trockenen Senf, Salz und Olivenöl vermischen.

b) Über das Steak gießen und mit der Marinade bestreichen. Bewahren Sie eine halbe Tasse Salzlake auf, um das Steak während des Garens damit zu bestreichen. Abdecken, in den Kühlschrank (oder Kühlbox) stellen und mindestens 1 Stunde marinieren.

c) Steak aus der Marinade nehmen und in 6 Portionen schneiden. Werfen Sie die Salzlake weg, bis auf die halbe Tasse, die Sie zurückbehalten haben. Wenn Sie Holzspieße verwenden, weichen Sie diese vor der Verwendung etwa 15 Minuten lang in Wasser ein. Fleisch auf lange Spieße aufspießen und das Fleisch um Zwiebelzwiebeln und geviertelte Paprika wickeln.

d) 12 bis 15 Minuten grillen, dabei drehen, um alle Seiten zu garen. Bestreichen Sie das Fleisch während des Garens mit etwas Salzlake. Ergibt: 6 Portionen.

42. Steak-Fajitas

ZUTATEN:

- 4 Esslöffel. Extra-natives Olivenöl 1 Pfund Rock- oder Flankensteak
- 1 Teelöffel. gemahlener Kreuzkümmel 2 Paprika, in 2 Zoll große Stücke geschnitten Stücke
- 1 Teelöffel. Chilipulver 1 rote Zwiebel, in Spalten geschnitten
- 4 Knoblauchzehen, zerkleinertes Mehl-Tortillas
- Saft einer Limette

ANWEISUNGEN:

a) Zu Hause: Olivenöl, Kreuzkümmel, Chilipulver, Knoblauch, Limettensaft, Salz und Pfeffer vermischen. Damit können Sie Steaks und Gemüse separat in verschließbaren Plastiktüten marinieren. Kühlen. (Möglicherweise möchten Sie das Steak einfrieren und gefroren verpacken).

b) Steak ggf. auftauen lassen. Grill erhitzen

c) Fleisch, Paprika und Zwiebeln abwechselnd auf Spieße spießen. Grillen Sie die Spieße unter häufigem Drehen 5 bis 8 Minuten lang.

43. **Rindfleisch und Brokkoli**

ZUTATEN:

- ¾ Pfund Rocksteak, quer zur Faser in ¼ Zoll dicke Scheiben schneiden
- 1 Esslöffel Backpulver
- 1 Esslöffel Maisstärke
- 4 Esslöffel Wasser, geteilt
- 2 Esslöffel Austernsauce
- 2 Esslöffel Shaoxing-Reiswein
- 2 Teelöffel hellbrauner Zucker
- 1 Esslöffel Hoisinsauce
- 2 Esslöffel Pflanzenöl
- 4 geschälte frische Ingwerscheiben, etwa so groß wie ein Viertel
- Koscheres Salz
- 1 Pfund Brokkoli, in mundgerechte Röschen geschnitten
- 2 Knoblauchzehen, fein gehackt

ANWEISUNGEN::

a) In einer kleinen Schüssel das Rindfleisch und das Backpulver zum Überziehen vermischen. 10 Minuten beiseite stellen. Spülen Sie das Rindfleisch gründlich ab und tupfen Sie es anschließend mit Papiertüchern trocken.

b) In einer anderen kleinen Schüssel die Maisstärke mit 2 Esslöffeln Wasser verrühren und Austernsauce, Reiswein, braunen Zucker und Hoisinsauce untermischen. Beiseite legen.

c) Erhitzen Sie einen Wok bei mittlerer bis hoher Hitze, bis ein Tropfen Wasser brutzelt und bei Kontakt verdunstet. Gießen Sie das Öl hinein und schwenken Sie es, bis es den Boden des Woks bedeckt. Das Öl mit Ingwer und einer Prise Salz würzen. Lassen Sie den Ingwer etwa 30 Sekunden lang im Öl brutzeln und schwenken Sie ihn dabei leicht. Das Rindfleisch in den Wok geben und unter Rühren 3 bis 4 Minuten braten, bis es nicht mehr rosa ist. Das Rindfleisch in eine Schüssel geben und beiseite stellen.

d) Brokkoli und Knoblauch dazugeben und 1 Minute lang anbraten, dann die restlichen 2 Esslöffel Wasser hinzufügen. Decken Sie den Wok ab und dämpfen Sie den Brokkoli 6 bis 8 Minuten lang, bis er knusprig und zart ist.

e) Geben Sie das Rindfleisch wieder in den Wok und rühren Sie die Sauce 2 bis 3 Minuten lang ein, bis es vollständig bedeckt ist und die Sauce leicht eingedickt ist. Den Ingwer wegwerfen, auf eine Platte geben und heiß servieren.

44. Rindfleisch-Suya

FÜR 6 PERSONEN

- 750 g Rindersteak, quer zur Faser in 1 cm dicke Streifen geschnitten
- 1 Esslöffel Pflanzen- oder Erdnussöl
- 1 Zitrone, in Spalten geschnitten, zum Servieren
- **für die Suya-Einreibung**

- 4 Esslöffel ungesalzene Erdnüsse
- 2 Teelöffel Chilipulver (oder nach Geschmack)
- 1 Esslöffel weißer Pfeffer, vorzugsweise frisch gemahlen
- 1 Esslöffel Knoblauchpulver
- 1 Esslöffel Zwiebelpulver
- 1 Hühnerbrühwürfel, zerkrümelt
- 1 Teelöffel geräuchertes Paprikapulver
- 1 Teelöffel Salz

a) Für den Suya-Rub die Erdnüsse in eine trockene Bratpfanne geben und bei mittlerer Hitze erhitzen.

b) Etwa 3 Minuten lang rösten, bis es eine tiefgoldene Farbe hat, dann in eine Gewürzmühle geben.

c) Pulsieren, bis alles zerkleinert ist, aber achten Sie darauf, nicht zu stark zu pulsieren, sonst werden sie zu einer Paste.

d) Die gemahlenen Erdnüsse in eine Schüssel geben und mit Chilipulver, weißem Pfeffer, Knoblauchpulver, Zwiebelpulver, zerbröckeltem Brühwürfel, Paprika und Salz verrühren. Sie möchten, dass das Suya-Rub ein gleichmäßig gemischtes Pulver ist.

e) Streuen Sie den Suya-Rub auf einen großen flachen Teller und rollen Sie die Rindfleischstreifen darin so gleichmäßig wie möglich mit den Gewürzen bedeckt.

f) Auf einen Teller legen, abdecken und mindestens eine Stunde oder über Nacht, wenn Sie Zeit haben, im Kühlschrank ruhen lassen.

Entsorgen Sie Reste des Reibemittels, da es mit rohem Fleisch in Berührung gekommen ist.

g) Wenn Sie zum Kochen bereit sind, stecken Sie das Rindfleisch auf die Spieße und beträufeln Sie es mit etwas Öl. Heizen Sie Ihren Grill oder Ihre Grillpfanne an, bis sie heiß ist.

h) Die Spieße unter regelmäßigem Wenden etwa 8–10 Minuten braten, bis sie außen eine kräftige Farbe haben.

i) Sofort mit einem Spritzer Zitronensaft servieren.

45. Gatsby

Für ca. 4 Personen

- 1 Esslöffel Pflanzenöl
- 500g Rinderrocksteak
- 1 Baguette, ca. 50–60 cm lang, durchgeschnitten, aber Ober- und Unterseite noch zusammengeklebt
- 2 großzügige Handvoll dreifach gekochte Chips (siehe Hier) oder etwa 250g Ofenpommes
- Handvoll geriebener, extra gereifter Cheddar (ca. 150 g)

Meersalzflocken

für das Garam Masala

- 1 Esslöffel Kreuzkümmelsamen
- 1 Esslöffel Koriandersamen
- 1 Teelöffel Fenchelsamen
- 1 Teelöffel Selleriesamen
- 1 Teelöffel schwarze Pfefferkörner
- 1 Teelöffel gemahlener Kurkuma

a) Wenn Sie Ihr eigenes Garam Masala zubereiten, geben Sie Kreuzkümmel, Koriander, Fenchel, Sellerie und Pfefferkörner in eine kleine Bratpfanne und lassen Sie es bei mittlerer bis hoher Hitze rösten. Sobald Sie den Duft riechen können, der aus der Pfanne aufsteigt, schalten Sie den Herd aus und geben Sie die Gewürze in eine Gewürzmühle oder einen Mörser. Kurkuma dazugeben und zu einem Pulver vermahlen.

b) Bestreichen Sie beide Seiten des Steaks mit Pflanzenöl, streuen Sie 1–2 Esslöffel Gewürzpulver darüber und reiben Sie es gut ein. Zum Marinieren bei Zimmertemperatur 30 Minuten bis eine Stunde beiseite stellen. Streuen Sie kurz vor dem Grillen etwas Meersalz auf beide Seiten des Steaks.

c) Zünden Sie Ihren Grill an, bis er heiß ist, oder verwenden Sie eine Grillpfanne auf dem Herd, wenn Sie es vorziehen. Sobald es heiß ist, grillen Sie das Steak nach Ihren Wünschen – je nach Dicke etwa 3 Minuten auf jeder Seite für ein medium-rare Steak.

d) Sobald das Steak gegart ist, auf einen Teller legen, locker mit Folie abdecken und 10 Minuten ruhen lassen. Für maximale Zartheit quer zur Faser in dünne Streifen schneiden und über die gesamte Länge des geöffneten Baguettes verteilen. Die heißen Pommes Frites und den Käse darüberstreuen, das Baguette aufklappen und so gut wie möglich zusammendrücken.

e) In großzügige Stücke schneiden und noch heiß und frisch hineinstecken.

46. Rindfleisch-Lok-Lak

Für 2 Personen

- 350 g Rindersteak, quer zur Faser in dünne Scheiben geschnitten (oder verwenden Sie Ihr Lieblingsstück)
- 3 Esslöffel Sojasauce
- 1 Esslöffel Austernsauce
- 1 Esslöffel Tomatenketchup
- 1 Teelöffel Fischsauce
- 2 Knoblauchzehen, in Scheiben geschnitten
- 2 Handvoll weiche Salatblätter
- 2 reife Tomaten, in Scheiben geschnitten
- ¼ Gurke, in Scheiben geschnitten
- 2 Esslöffel Pflanzenöl
- 1 Teelöffel Speisestärke, mit 1 Teelöffel kaltem Wasser zu einer Paste verrühren
- Eier
- Frühlingszwiebeln, dünn geschnittener frisch gemahlener schwarzer Pfeffer

für das Dressing

- 1 gehäufter Teelöffel schwarze Pfefferkörner
- Saft von 1 Limette
- 1 Teelöffel Fischsauce
- 1 Teelöffel Puderzucker

a) Legen Sie die Rindfleischstreifen in eine nichtmetallische Schüssel und fügen Sie Sojasauce, Austernsauce, Tomatenketchup, Fischsauce, Knoblauch und eine großzügige Prise schwarzen Pfeffer hinzu.

b) Zum Mischen gründlich umrühren, mit Frischhaltefolie abdecken und im Kühlschrank mindestens 2 Stunden, idealerweise über Nacht, marinieren lassen.

c) Bereiten Sie die Dip-Sauce zu, indem Sie die Pfefferkörner in einer Gewürzmühle oder einem Mörser zermahlen, bis sie fein gemahlen sind. Limettensaft, Fischsauce und Zucker unterrühren und gut umrühren, bis sich der Zucker aufgelöst hat. Beiseite legen.

d) Salat, Tomate und Gurke auf 2 Tellern anrichten.

e) Erhitzen Sie 1 Esslöffel Öl in einem Wok, bis es rauchend heiß ist, geben Sie dann das Rindfleisch hinein und braten Sie es einige Minuten lang unter Rühren, bis es fast nach Ihren Wünschen gegart ist. Die Maismehlpaste zügig durchrühren und bei starker Hitze eine weitere Minute eindicken lassen. Schalten Sie die Hitze unter dem Wok aus und halten Sie ihn warm.

f) Das restliche Öl in eine Bratpfanne geben und bei mittlerer bis hoher Hitze erhitzen. Wenn es heiß ist, schlagen Sie die Eier hinein und braten Sie es, bis es Ihren Wünschen entspricht.

g) Das Rindfleisch auf jedem Salatteller anrichten und mit einem Spiegelei belegen. Die Frühlingszwiebel darüberstreuen, das Dressing darüber träufeln und sofort servieren.

NEW YORK STRIP STEAK

47. Tequila-BBQ-Rindersteaks

Ergibt: 4 Portionen

ZUTATEN:
- 4 New Yorker Streifensteaks
- ½ Tasse Tequila
- 2 Esslöffel Olivenöl
- 1 Esslöffel Pfeffer
- 2 Teelöffel geriebene Zitronenschale
- 1 Knoblauchzehe, gehacktes Salz nach Geschmack

ANWEISUNGEN:

a) Wischen Sie die Steaks mit einem feuchten Papiertuch ab. Legen Sie Fleisch in einen 1-Gallonen-Plastikbeutel. Tequila, Öl, Pfeffer, Zitronenschale und Knoblauch hinzufügen; Den Beutel verschließen und wenden, um die Gewürze zu vermischen.

b) Legen Sie den Beutel in eine Schüssel. mindestens 1 Stunde oder bis zu 1 Tag kalt stellen; Drehen Sie den Beutel gelegentlich um. Lassen Sie die Steaks abtropfen und legen Sie sie 10 bis 15 cm über einer festen Schicht heißer Kohlen auf den Grill

c) Die Steaks gleichmäßig bräunen lassen; für mäßig-selten (auf Probe schneiden) 12 bis 14 Minuten kochen lassen.

d) Fleisch auf Teller verteilen; Mit Salz abschmecken.

48. Sous Vide klassisches New York Strip Steak

Macht: 2

ZUTATEN:
- 2 (12-16 Unzen) New York Strip Steaks
- Salz und schwarzer Pfeffer
- 2 Esslöffel Butter
- 1 Esslöffel Pflanzenöl

ANWEISUNGEN:
a) Stellen Sie Ihren Anova auf 125F/51,6C für Medium Rare oder 130F/54,4 für Medium ein.
b) Die Steaks mit Küchenpapier trocken tupfen und großzügig mit Salz und Pfeffer würzen. Die Steaks auf einen Rost legen und eine Stunde lang offen im Kühlschrank ruhen lassen. Sie sollten trocken erscheinen.
c) Legen Sie die Steaks in einzelne vakuumversiegelte Beutel und tauchen Sie sie 45 Minuten lang in das Wasserbad. Sie können länger im Bad aufbewahrt werden, jedoch nicht länger als 3 Stunden. Ab diesem Zeitpunkt wird die Textur beeinträchtigt.
d) Wenn die Steaks fast fertig sind, erhitzen Sie eine gusseiserne Pfanne bei starker Hitze mit Öl, bis es raucht.
e) Nehmen Sie die Steaks aus der Tüte und braten Sie sie auf jeder Seite 3 bis 4 Minuten lang an. Geben Sie nach der Hälfte der Zeit die Butter hinzu.
f) Die Steaks aus der Pfanne nehmen und mit einer Ofenkartoffel oder Rahmspinat servieren.

49. Rumgewürztes Steak mit Ananasrelish

ZUTATEN:
- 2 Tassen gehackte frische Ananas
- ½ Tasse gewürfelte rote Zwiebel
- 2 Esslöffel gehackte rote Jalapeno-Chili
- 1 Esslöffel gehackter frischer Schnittlauch
- 1/4 Teelöffel Salz
- 1 Esslöffel Limettensaft
- 2 Esslöffel Worcestershire-Sauce
- 2 Esslöffel Olivenöl
- 1 Esslöffel Rum Spice Grillgewürz
- 4 NY-Streifensteaks vom Rind ohne Knochen

ANWEISUNGEN:

a) In einer mittelgroßen Schüssel alle Relish-ZUTATEN vermischen: bis zum Limettensaft. 30 Minuten stehen lassen.

b) In einer kleinen Schüssel Worcestershire-Sauce, Rum Spice Grill Seasoning und Öl verrühren. Hitze.

c) Steaks trocken tupfen, beide Seiten mit Worcestershire-Gewürzmischung bestreichen und auf den Grill werfen.

d) Mit Pfeffer bestreuen. Mit Genuss servieren.

50. Zitronensteaks

Ergibt: 4 Portionen

ZUTATEN:
- Jeweils 2 Esslöffel Olivenöl, Zitronensaft
- 2 Pfund STREIFENSTEAK
- 1 x ZITRONE, IN HÄLFTE GESCHNITTEN
- 1 x Salz und Pfeffer nach Geschmack

a) In einer kleinen Schüssel Öl und Zitronensaft verrühren.
b) Legen Sie die Steaks in eine dicht schließende Pfanne und gießen Sie Öl darüber.
c) 1 Stunde bei Zimmertemperatur stehen lassen.
d) Legen Sie die Steaks auf einen Rost in der Grillpfanne. Stellen Sie die Pfanne 7,6 cm vom Herd entfernt auf.
e) Auf jeder Seite 5 Minuten braten oder bis es beim Anschneiden den gewünschten Geschmack hat.
f) Auf ein Schneidebrett legen und in dünne Scheiben schneiden.
g) Die Zitronenscheiben über die Zitronenscheiben pressen und mit Salz und Pfeffer abschmecken.

51. In der Pfanne angebratenes New York Strip Steak mit Pilzen

Ergibt: 1 Portion

ZUTATEN:
4 6 Unzen New York Strip Steaks
3 + 2 EL. Ungesalzene Butter
½ gelbe Jumbo-Zwiebel; ½ Zoll gewürfelt
¾ Pfund geschnittene Portabella-Pilze
2 Esslöffel Mehl
Salz und Pfeffer nach Geschmack
½ Tasse warme Sahne
½ Tasse Scotch
Für dieses Rezept benötigen Sie zwei separate Pfannen.

a) In einer großen Pfanne bei mittlerer Hitze die Pilze und Zwiebeln in 3 EL anbraten. geschmolzene Butter, bis die Pilze weich sind. Mit Salz und Pfeffer abschmecken und das Mehl unterrühren. Die Sahne in die Mischung gießen und gut vermischen.
b) An einem warmen Ort beiseite stellen.
c) In einer zweiten Pfanne die restlichen 2 EL Butter schmelzen und auf hohe Hitze erhitzen. Würzen Sie die Steaks mit Salz und Pfeffer und braten Sie sie 2½ bis 3 Minuten pro Seite (Rarität) und erhöhen Sie die Garzeit um ½ Minute pro Seite für jeden weiteren gewünschten Gargrad.
d) Die Steaks aus der Pfanne nehmen und auf einer Platte oder einzeln anrichten.
e) Den Scotch zum Bratenfett geben und 1 bis 2 Minuten zum Kochen bringen, dann mit der Pilzsoße vermischen.
f) Über die Steaks gießen und sofort servieren. Geben Sie die zusätzliche Soße zum Passieren in eine Schüssel.

52. New Yorker Streifensteak

Ergibt: 6 Portionen

ZUTATEN:
3 New Yorker Streifensteaks mit einer Dicke von jeweils etwa 2,5 cm
¼ Tasse Teriyaki-Marinade und Sauce (Lite, Kikkoman)
1 Knoblauchzehe; gehackt
⅛ Teelöffel schwarzer Pfeffer

Fett von Steaks entfernen; Legen Sie die Steaks in eine große Plastiktüte mit einer Mischung aus Lite-Teriyaki-Sauce, Knoblauch und Pfeffer. Luft aus dem Beutel drücken; Deckel sicher verschließen. 45 Minuten marinieren; Drehen Sie den Beutel einmal um.

Behalten Sie die Marinade bei, grillen oder grillen Sie die Steaks etwa 5 Minuten auf jeder Seite (für seltene Steaks) oder bis zum gewünschten Gargrad und bestreichen Sie sie gelegentlich mit der beiseite gelegten Marinade.

53. Steaks mit Knoblauch-Mandel-Sauce abstreifen

Ergibt: 4 Portionen

ZUTATEN:
1 große rotbraune Kartoffel, geschält, in Scheiben geschnitten
¾ Tasse Mandelblättchen
3 Esslöffel frischer Zitronensaft
3 große Knoblauchzehen
½ Teelöffel Salz
¼ Teelöffel Pfeffer
¾ Tasse Hühnerbrühe oder salzarme Dosenbrühe
¼ Tasse Olivenöl
4 große Rotkartoffeln, geschält, der Länge nach geviertelt
3 Esslöffel plus ½ Tasse Olivenöl
3 Esslöffel frischer Zitronensaft
1 Knoblauchzehe, gehackt
1 Teelöffel gehackter frischer Oregano oder 1/4 t getrockneter
4 8 bis 10 Unzen schwere New Yorker Streifensteaks (ca. 2,5 cm dick)

a) FÜR DIE SAUCE: Kartoffelscheiben in einem Topf mit kochendem Salzwasser ca. 15 Minuten kochen, bis sie weich sind. Abfluss; Kartoffelscheiben in den Prozessor geben. Mandeln, Zitronensaft, Knoblauch, Salz und Pfeffer hinzufügen und pürieren. Bei laufender Maschine nach und nach Brühe und Öl hinzufügen.

b) Die Sauce in eine Schüssel geben und abkühlen lassen (die Sauce wird dicker). (Kann 2 Stunden im Voraus zubereitet werden. Abdecken und bei Zimmertemperatur stehen lassen.) FÜR KARTOFFELN: Ofen auf 500 °F vorheizen. Kartoffeln in einem großen Topf mit kochendem Salzwasser 6 Minuten kochen. Abfluss. In eine Schüssel mit Eiswasser geben und abkühlen lassen. Abtropfen lassen und trocken tupfen. Kartoffeln in den Bräter legen.

c) 3 EL Öl darüber träufeln und verrühren. Mit Salz und Pfeffer würzen.

d) Etwa 30 Minuten rösten, bis die Kartoffeln weich sind.

e) Bereiten Sie in der Zwischenzeit den Grill vor (mittlere Hitze) oder heizen Sie den Grill vor. Restliche ½ Tasse Öl, Zitronensaft, Knoblauch und Oregano in einer kleinen Schüssel verquirlen.

f) Steaks mit Salz und Pfeffer würzen. Bis zum gewünschten Gargrad grillen oder grillen, etwa 4 Minuten pro Seite für Medium-Rare.

g) Kartoffeln mit der Öl-Zitronensaft-Mischung in einer großen Schüssel vermischen. Steaks auf Teller verteilen. Mit Kartoffeln und zimmerwarmer Soße servieren.

RUNDES STEAK

54. Gebackenes rundes Steak

2 Dosen Pilzcremesuppe
½ Pkg. trockene Zwiebelsuppenmischung
1 großes rundes Steak
½ Tasse Rinderbrühe

Backofen auf 300 Grad vorheizen. In einer mittelgroßen Schüssel Suppe, Zwiebelsuppe und Rinderbrühe vermischen.
Legen Sie das runde Steak in eine Auflaufform und gießen Sie die Suppenmischung über das Steak. Etwa 3 Stunden backen.
Mit Reis und Nudeln servieren

55. Chinesisches Pfeffersteak

2 Pfund rundes Steak, in dünne Streifen von 2 Zoll Länge geschnitten
4 EL Olivenöl
2 Knoblauchzehen, gehackt
2 TL Salz
2 Tassen Rinderbrühe
2 grüne Paprika, in dünne Streifen geschnitten
2 Tassen Sellerie, in dünne Scheiben geschnitten
2 Zwiebeln, in dünne Scheiben geschnitten
1 Dose Coca-Cola-
3 Tomaten, jeweils in 8 Spalten geschnitten ½ Dose Coca-Cola
4 EL Maisstärke
2 EL Teriyaki-Sauce
8 Portionen Reis, nach Packungsgröße gekocht Anleitung:

Öl im Schmortopf erhitzen und Fleisch und Knoblauch anbraten. Rinderbrühe hinzufügen und 15 Minuten köcheln lassen. Grünen Pfeffer, Sellerie, Zwiebeln und Cola unterrühren. Abdecken und 5 Minuten köcheln lassen. Gemüse nicht zu lange kochen. Tomaten vorsichtig unter die Mischung rühren. Maisstärke in ½ Tassen Cola und Teriyaki-Sauce mischen. Unter die Fleischmischung rühren, bis die Sauce eingedickt ist. Über heißem Reis servieren.

56. Schweizer Crockpot-Steak

1½ Pfund. Rindersteak, ¾ Zoll dick geschnitten
3 Teelöffel Mehl
1 Teelöffel Salz
1 Teelöffel trockener Senf
1 Teelöffel schwarzer Pfeffer
1 Teelöffel Knoblauchpulver
2 Teelöffel Backfett
1 (16 Unzen) Dose Tomaten
1 kleine Zwiebel, in Scheiben geschnitten
1 Stange Sellerie, in Scheiben geschnitten
2 mittelgroße Karotten, in Scheiben geschnitten
1 Teelöffel Worcestershire-Sauce
1/4 Wasser

Schneiden Sie das Fleisch in Stücke, die in Ihren Schmortopf passen. Mehl, Salz, Senf, Pfeffer und Knoblauchpulver vermischen. 2 Esslöffel der Mehlmischung in das Fleisch einrühren. Das Fleisch im Backfett auf beiden Seiten anbraten. Nach dem Bräunen das Fleisch in den Schmortopf geben. Restliches Mehl unter die Bratenfette in der Pfanne rühren. Die restlichen ZUTATEN einrühren und kochen, bis eine dicke und sprudelnde Masse entsteht. Über das Fleisch im Schmortopf gießen. 8 bis 10 Stunden auf niedriger Stufe garen. Mit heißen gekochten Nudeln oder Reis servieren.

57. Rindfleisch mit Brokkoli oder Blumenkohlreis

Macht: 2

ZUTATEN:
- 1 Pfund rohes, rundes Rindersteak, in Streifen geschnitten
- 1 Esslöffel + 2 Teelöffel natriumarme Sojasauce
- 1 Splenda-Paket
- ½ Tasse Wasser
- 1 ½ Tassen Brokkoliröschen
- 1 Teelöffel Sesam- oder Olivenöl
- 2 Tassen gekochter, geriebener Blumenkohl oder gefrorener Reisblumenkohl

ANWEISUNGEN:
a) Steak mit Sojasauce verrühren und etwa 15 Minuten ruhen lassen.
b) Öl bei mittlerer bis hoher Hitze erhitzen und das Rindfleisch 3–5 Minuten lang oder bis es braun ist anbraten.
c) Aus der Pfanne nehmen.
d) Brokkoli, Splenda und Wasser hinzufügen.
e) Abdecken und 5 Minuten kochen lassen oder bis der Brokkoli weich wird, dabei gelegentlich umrühren.
f) Fügen Sie das Rindfleisch wieder hinzu und erhitzen Sie es gründlich.
g) Servieren Sie das Gericht mit Blumenkohlreis.

58. Klassisches Roastbeef

Für 6 bis 8 Personen
1 (3 bis 4 Pfund) runder oder augenrunder Rinderbraten
Koscheres Salz und frisch gemahlener schwarzer Pfeffer
2 Esslöffel natives Olivenöl extra
6 bis 8 Knoblauchzehen, ungeschält
2 große Zweige Rosmarin
Grobes Meersalz zum Garnieren
BRATENSOSSE
2 Esslöffel Allzweckmehl
2 Tassen Rinderbrühe
2 Esslöffel ungesalzene Butter bei Zimmertemperatur; plus 2 Esslöffel gekühlt und gewürfelt (optional)
2 Schalotten, gehackt
⅓ Tasse trockener Marsala-Wein
1 Esslöffel gehackte frische glatte Petersilie
1 Esslöffel Rotweinessig
Geschmorte Karotten und Pastinaken zum Servieren (optional)

1. Das Rindfleisch würzen. Etwa 3 Stunden vor dem Garen das Rindfleisch von allen Seiten großzügig mit Salz und Pfeffer würzen. Wickeln Sie es fest in mehrere Lagen Plastikfolie ein. 1 Stunde und 30 Minuten kühl stellen. Aus dem Kühlschrank nehmen und 1 Stunde und 30 Minuten bei Raumtemperatur stehen lassen.
2. Das Rindfleisch binden. Stellen Sie einen Rost in die Mitte des Ofens und heizen Sie den Ofen auf 325 °F vor. Wickeln Sie das Rindfleisch aus und entsorgen Sie die Plastikfolie. Mit Papiertüchern trocken tupfen. Schneiden Sie 6 bis 8 lange Stücke (ca. 16 Zoll) Metzgergarn ab. Legen Sie die Mitte des Rindfleischs auf ein Stück Schnur. Mit einem Knoten festbinden. Binden Sie das Rindfleisch weiterhin in Abständen von 2,5 cm zusammen. Schneiden Sie ein weiteres Stück Schnur ab, um es der Länge nach um das Rindfleisch zu binden. Das zusammengebundene Rindfleisch sollte ein fester Zylinder sein. Schneiden Sie überschüssiges Garn ab.
3. Das Rindfleisch anbraten. Das Rindfleisch mit Olivenöl beträufeln; reiben, um es gründlich zu beschichten. Nochmals mit Salz und Pfeffer abschmecken. Übertragen Sie es auf einen Rost, der auf einem Blech steht. Knoblauch und Rosmarin rund um das Rindfleisch verteilen. 70 bis 80 Minuten lang rösten, bis ein sofort ablesbares Thermometer, das in die Mitte des Fleisches eingeführt wird, 130 °F (für mittlere Temperatur) anzeigt. Aus dem Ofen nehmen. Rosmarin und Knoblauch wegwerfen. 45 Minuten auf dem Kuchengitter ruhen lassen. Übertragen Sie das Rindfleisch auf ein Schneidebrett und lassen Sie alle gebräunten Stücke (Fond) und Säfte in der Pfanne.
4. Beginnen Sie mit der Soße. Stellen Sie die Blechpfanne auf den Herd und erhitzen Sie sie auf mittlere Stufe. Streuen Sie das Mehl über die Bratenfette in der Blechpfanne. Ständig verquirlen, um den Fond abzukratzen und das Mehl mit den Tropfen zu bedecken. Fügen Sie 1 Tasse Brühe hinzu und schlagen Sie weiter, bis der gesamte Fond aufgekratzt ist. Vom Herd nehmen und beiseite stellen.

5. Fertigen Sie die Soße auf. In einem kleinen Topf die 2 Esslöffel zimmerwarme Butter auf mittlerer Stufe schmelzen. Die Schalotten dazugeben. Unter gelegentlichem Rühren 2 bis 3 Minuten kochen, bis die Schalotten weich sind und duften. Den Wein, die restliche 1 Tasse Brühe und die Mehl-Brühe-Mischung aus der Blechpfanne hinzufügen. Unter gelegentlichem Rühren 3 bis 4 Minuten kochen, bis das Volumen etwa auf die Hälfte reduziert ist. Wenn Sie eine reichhaltigere Soße wünschen, fügen Sie die 2 Esslöffel gekühlte, gewürfelte Butter nach und nach hinzu und rühren Sie 3 bis 5 Minuten lang ständig um, bis alles gut vermischt ist und glänzt. Petersilie und Essig unterrühren. Mit Salz und Pfeffer würzen. Vom Herd nehmen und bis zum Servieren an einem warmen Ort aufbewahren.

6. Das Rindfleisch in Scheiben schneiden und servieren. Schneiden Sie die Schnur vom Rindfleisch ab und entsorgen Sie sie. Das Rindfleisch in ½ Zoll dicke Scheiben schneiden und auf eine Servierplatte geben. Die Soße über das Rindfleisch geben oder als Beilage servieren. Das Rindfleisch kurz vor dem Servieren mit Meersalz bestreuen und mit den Karotten und Pastinaken als Beilage servieren.

RINDERFILET

59. Rinderfilet mit Bernaise-Sauce

- 2 Pfund ganzes Rinderfilet oder 2 Pfund Filet-Mijon-koscheres Salz
- Grob gemahlener schwarzer Pfeffer
- Pflanzenöl

a) Backofen auf 500 Grad vorheizen.
b) Rindfleisch trocken tupfen. Rindfleisch salzen und pfeffern. Geben Sie 2 EL Pflanzenöl in die Pfanne und braten Sie Rinderfilet oder Filet-Mijon-Steaks von allen Seiten an.
c) Auf ein Blech legen und rösten, bis der gewünschte Gargrad erreicht ist. Fleisch 20 Minuten ruhen lassen. In 110–180 Gramm große Scheiben schneiden. Für 4-5 Personen

60. Grütze und Grilladen

Ergibt 6 Portionen

1 (3 Pfund) rundes Rind- oder Kalbsteak, auf eine Dicke von etwa 1/4 Zoll zerstoßen

Salz und frisch gemahlener schwarzer Pfeffer nach Geschmack

1 Tasse Allzweckmehl

¾ Tasse Pflanzenöl, geteilt

1 große Zwiebel, gehackt

1 grüne Paprika, gehackt

1 Bund Frühlingszwiebeln, gehackt, grüne und weiße Teile getrennt

3 Knoblauchzehen, gehackt

1 große Tomate, gehackt

1 Esslöffel Tomatenmark

½ Tasse Rotwein

3 Tassen Wasser

1 Teelöffel Rotweinessig

½ Teelöffel getrockneter Thymian

1 Esslöffel Worcestershire-Sauce

Salz, frisch gemahlener schwarzer Pfeffer und kreolische Gewürze nach Geschmack

3 Esslöffel gehackte glatte Petersilie

Grütze für 6 Personen, nach Packungsanleitung zubereitet:

Schneiden Sie das Rindfleisch in etwa 2 x 3 Zoll große Stücke. Beide Seiten großzügig mit Salz und Pfeffer würzen.

Erhitzen Sie 1/4 Tasse Öl in einer großen, schweren Pfanne und geben Sie das Mehl in eine flache Schüssel oder einen Teller. Jedes Steakstück im Mehl wenden, überschüssiges Mehl abschütteln und auf beiden Seiten anbraten. Übertragen Sie das Fleisch auf Papiertücher.

Geben Sie das restliche Öl in die Pfanne und braten Sie die Zwiebeln, die weißen Teile der Frühlingszwiebeln, die Paprika und den Knoblauch an, bis sie glasig sind. Tomate, Tomatenmark, Wein, Wasser, Essig, Thymian, Worcestershire-Sauce und Fleisch hinzufügen und mit Salz, Pfeffer und kreolischen Gewürzen würzen. Zum Kochen bringen. Die Hitze reduzieren, abdecken und etwa 1 ½ Stunden köcheln lassen, bis das Fleisch zart ist. Petersilie und Frühlingszwiebeln dazugeben und über den Grütze servieren.

61. Rindfleisch-Teriyaki

Ergibt: 6 Portionen

ZUTATEN:
- 1½ Pfund Rinderfilet
- ½ Tasse Sojasauce
- ¼ Tasse trockener Sherry
- 2 Esslöffel Zucker
- 2 Teelöffel trockener Senf
- Jeweils 4 Knoblauchzehen, gehackt

ANWEISUNGEN:
a) Rindfleisch teilweise einfrieren. Quer zur Faser dünn in mundgerechte Streifen schneiden. Sojasauce, Wein, Zucker sowie Senf und Knoblauch mischen; Rindfleisch dazugeben und 15 Minuten bei Zimmertemperatur ruhen lassen.

b) Spießfleisch im Akkordeonstil auf kleinen Spießen. Beide Seiten des Gasgrills 10 Minuten lang auf HIGH vorheizen.

c) Spieße auf Gitter legen; Schließen Sie die Haube und kochen Sie das Fleisch mindestens 5 bis 7 Minuten lang, bis es gar ist. Drehen Sie es dabei und begießen Sie es häufig mit Salzlake.

62. Gebratenes Rindfleisch mit schwarzem Pfeffer

ZUTATEN:
- 1 Esslöffel Austernsauce
- 1 Esslöffel Shaoxing-Reiswein
- 2 Teelöffel Maisstärke
- 2 Teelöffel helle Sojasauce
- Gemahlener weißer Pfeffer
- ¼ Teelöffel Zucker
- ¾ Pfund Rinderfiletspitzen oder Roastbeefspitzen, in 1-Zoll-Stücke geschnitten
- 3 Esslöffel Pflanzenöl
- 3 geschälte frische Ingwerscheiben, jede etwa so groß wie ein Viertel
- Koscheres Salz
- 1 grüne Paprika, in ½ Zoll breite Streifen geschnitten
- 1 kleine rote Zwiebel, in dünne Streifen geschnitten
- 1 Teelöffel frisch gemahlener schwarzer Pfeffer oder mehr nach Geschmack
- 2 Teelöffel Sesamöl

ANWEISUNGEN::

In einer Rührschüssel Austernsauce, Reiswein, Maisstärke, helles Soja, eine Prise weißen Pfeffer und Zucker verrühren. Das Rindfleisch darin wenden und 10 Minuten lang marinieren.

Erhitzen Sie einen Wok bei mittlerer bis hoher Hitze, bis ein Tropfen Wasser brutzelt und bei Kontakt verdunstet. Gießen Sie das Pflanzenöl hinein und schwenken Sie es, um den Boden des Woks zu bedecken. Den Ingwer und eine Prise Salz hinzufügen. Lassen Sie den Ingwer etwa 30 Sekunden lang im Öl brutzeln und schwenken Sie ihn dabei leicht.

Übertragen Sie das Rindfleisch mit einer Zange in den Wok und entsorgen Sie die restliche Marinade. 1 bis 2 Minuten im Wok anbraten, oder bis sich eine braune Kruste bildet. Das Rindfleisch umdrehen und auf der anderen Seite weitere 2 Minuten anbraten. Unter Rühren im Wok weitere 1 bis 2 Minuten schwenken und schwenken, dann das Rindfleisch in eine saubere Schüssel geben.

Paprika und Zwiebeln dazugeben und 2 bis 3 Minuten unter Rühren anbraten, bis das Gemüse glänzend und zart aussieht. Geben Sie das Rindfleisch wieder in den Wok, fügen Sie den schwarzen Pfeffer hinzu und braten Sie es noch eine Minute lang unter Rühren an.

Den Ingwer wegwerfen, auf eine Platte geben und das Sesamöl darüber träufeln. Heiß servieren.

63. Rinderfilet mit Schalotten

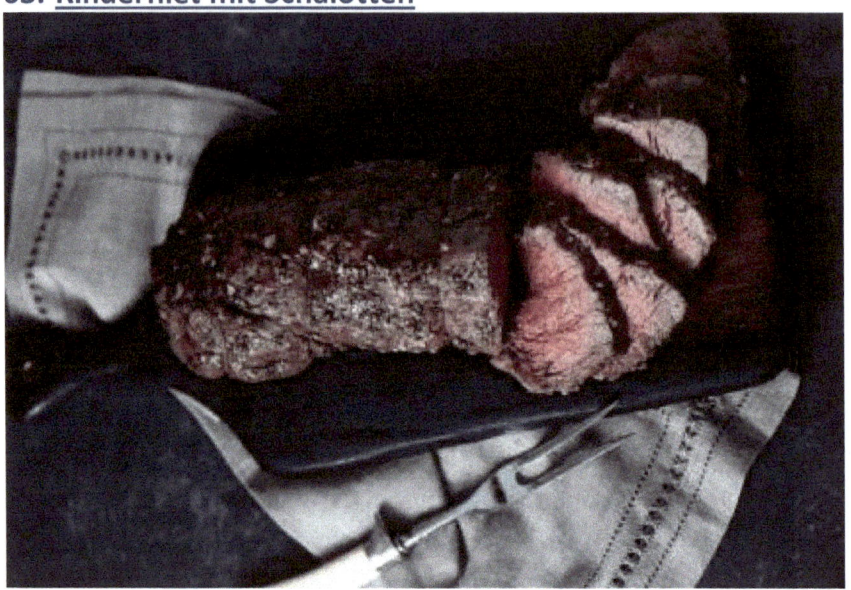

ZUTATEN:
- ¾ Pfund Schalotten, der Länge nach halbiert
- 1-½ EsslöffelOliveÖl bzwAvocadoÖl
- Salz und Pfeffer nach Geschmack
- 3 Tassen Rinderbrühe
- ¾ Tasse Rotwein
- 1-½ Teelöffel Tomatenmark
- 2 Pfund Rinderfiletbraten, getrimmt
- 1 Teelöffel getrockneter Thymian
- 3 EsslöffelKokosnussÖl
- 1 EsslöffelMandelMehl

ANWEISUNGEN:
a) Den Ofen auf 375 Grad F vorheizen. Schalotten mit Olivenöl vermengen, in einer Backform bestreichen und mit Salz und Pfeffer würzen. Etwa eine halbe Stunde rösten, bis die Schalotten weich sind, dabei gelegentlich umrühren.
b) Wein und Rinderbrühe in einem Topf vermischen und zum Kochen bringen. Bei starker Hitze kochen. Die Lautstärke sollte um die Hälfte reduziert werden. Tomatenmark hinzufügen. Beiseite legen.
c) Rindfleisch trocken tupfen und mit Salz, Thymian und Pfeffer bestreuen. Das Rindfleisch in die mit Kokosöl geölte Pfanne geben. Bei starker Hitze von allen Seiten anbraten.
d) Stellen Sie die Pfanne wieder in den Ofen. Roastbeef etwa eine halbe Stunde bei mittlerer Rarität. Rindfleisch auf eine Platte geben. Locker mit Folie abdecken.
e) Stellen Sie die Pfanne auf den Herd und fügen Sie die Brühe hinzu. Zum Kochen bringen und umrühren, um eventuelle gebräunte Stücke abzukratzen. In einen anderen Topf umfüllen und zum Kochen bringen. Mischen Sie 1 ½ Esslöffel Kokosöl und Mehl in einer kleinen Schüssel und vermischen Sie es. In die Brühe einrühren und köcheln lassen, bis die Soße eindickt. Geröstete Schalotten unterrühren. Mit Salz und Pfeffer würzen.
f) Rindfleisch in 1/2 Zoll dicke Scheiben schneiden. Etwas Soße darüber geben.

64. Gegrillter Rindfleisch-Prosciutto-Salat

Ergibt: 1 Portion

ZUTATEN:
- ½ Tasse Olivenöl
- 3 Knoblauchzehen; grob gewürfelt
- 4 Zweige Rosmarin
- 8 Unzen; Rinderfilet
- Salz und frisch gemahlener schwarzer Pfeffer
- 2 Zitronen; gegrillt
- 1 Esslöffel grob gewürfelte Schalotte
- 1 Esslöffel grob gewürfelter frischer Rosmarin
- 3 gegrillte Knoblauchzehen
- ½ Tasse Olivenöl
- Salz und frisch gemahlener Pfeffer
- 8 Tassen gewürfelter Römersalat
- Gegrillte, mit Zitrone und Knoblauch gegrillte Vinaigrette
- 8 Segmente Prosciutto; Julienne
- 12 Frühlingszwiebeln; gegrillt und gewürfelt
- 2 rote Tomaten; gewürfelt
- 2 gelbe Tomaten; gewürfelt
- 1½ Tasse zerbröckelter Gorgonzola
- Gegrilltes Rinderfilet; gewürfelt
- 4 hartgekochte Eier; geschält und gewürfelt
- 2 Haas-Avocado; geschält, entkernt
- Gewürfelter Schnittlauch
- 8 gegrillte Knoblauchzehen
- 2 Stangen ungesalzene Butter; aufgeweicht
- Salz und frisch gemahlener Pfeffer
- 16 Segmente italienisches Brot; Segmentiert 1/4 Zoll
- ¼ Tasse fein gewürfelte Petersilie
- ¼ Tasse fein gewürfelter Oregano

ANWEISUNGEN:

a) Öl, Knoblauch und Rosmarin in einer kleinen flachen Auflaufform vermischen. Das Rindfleisch dazugeben und verrühren. Abdecken und mindestens 2 Stunden oder über Nacht im Kühlschrank lagern. Vor dem Grillen 30 Minuten bei Zimmertemperatur ruhen lassen

b) Den Grill anheizen. Nehmen Sie das Rindfleisch aus der Salzlake, würzen Sie es mit Salz und Pfeffer und grillen Sie es auf jeder Seite 4 bis 5 Minuten lang, um einen moderaten Gargrad zu erzielen.

GLÄTTEISEN STEAK

65. Gegrillte Flatiron-Steaks mit Tomatensauce

- 2 Pfund Flatiron-, Flanken-, Hanger- oder Rocksteak koscheres Salz
- Schale und Saft von 1 Orange 1/4 Tasse dünn geschnittene Schalotten
- 2 Esslöffel gehackter frischer Oregano
- 2 Esslöffel gehackter Knoblauch
- 2 Esslöffel geräuchertes Paprikapulver
- 2 Esslöffel Pflanzenöl
- 1 Esslöffel zerstoßene rote Paprikaflocken
- 4 große Tomaten (ca. 3 Pfund), 0,6 cm dick in Scheiben geschnitten
- 1 Schalotte, in dünne Ringe geschnitten
- 1/4 Tasse (lose verpackt) glatte Petersilienblätter
- 1 Esslöffel Olivenöl und etwas mehr zum Beträufeln
- Flockenförmiges Meersalz und frisch gemahlener schwarzer Pfeffer
- 1 Bund Brunnenkresse, harte Stiele entfernt (ca. 4 Tassen)
- 1 Esslöffel frischer Zitronensaft
- Tapenade

Für Steak:
a) Legen Sie das Steak in eine große Auflaufform und würzen Sie es großzügig mit Salz. Orangenschale und -saft verrühren und die restlichen 6 ZUTATEN in einer kleinen Schüssel vermischen. Die Mischung gleichmäßig auf beiden Seiten des Steaks verteilen und 1 Stunde bei Zimmertemperatur marinieren lassen.
b) Machen Sie ein mittelheißes Feuer in einem Holzkohlegrill oder heizen Sie einen Gasgrill auf höchste Stufe. Grillen Sie das Steak, indem Sie es einmal wenden, bis es schön verkohlt ist, etwa 5 Minuten auf jeder Seite für Medium-Rare. Auf ein Schneidebrett geben und 5-10 Minuten ruhen lassen.
Für Tomaten:
c) Tomaten auf einer Servierplatte anrichten. Schalotte und Petersilie darüberstreuen; Mit Öl beträufeln und mit Salz und Pfeffer würzen. In einer mittelgroßen Schüssel Brunnenkresse mit

je 1 Esslöffel Öl und Zitronensaft vermengen. Brunnenkresse mit Salz abschmecken.

d) Brunnenkresse auf einem Teller anrichten. Steak gegen die Faser aufschneiden; Mit Tomaten und Brunnenkresse auf eine Platte geben.

e) Tapenade auf das Steak geben und dazu servieren.

66. Gegrillte Rindfleisch-Tacos im Carnitas-Stil

Ergibt: 6 Portionen

ZUTATEN:

g) 4 Flat Iron Steaks vom Rind (je etwa 230 g)

h) 18 kleine Maistortillas (6 bis 7 Zoll Durchmesser)

BELAGS:

i) Gehackte weiße Zwiebeln, gehackter frischer Koriander, Limettenschnitze

MARINADE:

j) 1 Tasse zubereitete Tomatillo-Salsa

k) ⅓ Tasse gehackter frischer Koriander

l) 2 Esslöffel frischer Limettensaft

m) 2 Teelöffel gehackter Knoblauch

n) ½ Teelöffel Salz

o) ¼ Teelöffel Pfeffer

p) 1-½ Tassen zubereitete Tomatillo-Salsa

q) 1 große Avocado, gewürfelt

r) ⅔ Tasse gehackter frischer Koriander

s) ½ Tasse gehackte weiße Zwiebel

t) 1 Esslöffel frischer Limettensaft

u) 1 Teelöffel gehackter Knoblauch

v) ½ Teelöffel Salz

ANWEISUNGEN:

a) Marinade vermischen. ZUTATEN: in einer kleinen Schüssel. Rindersteaks und Marinade in eine lebensmittelechte Plastiktüte geben; Drehen Sie die Steaks zum Überziehen. Beutel gut verschließen und 15 Minuten bis 2 Stunden im Kühlschrank marinieren.

b) Steaks aus der Marinade nehmen; Marinade wegwerfen. Legen Sie die Steaks auf den Rost und legen Sie sie auf mittlere, mit Asche bedeckte Kohlen. Zugedeckt 10 bis 14 Minuten grillen, bis der Gargrad mittelgroß (145 °F) bis mittel (160 °F) ist, dabei gelegentlich wenden.

c) In der Zwischenzeit die Avocado-Salsa vermengen. ZUTATEN: in einer mittelgroßen Schüssel vermengen. Beiseite legen.

d) Tortillas auf den Rost legen. Grillen, bis es warm und leicht verkohlt ist. Entfernen; warm halten.

e) Steaks in Scheiben schneiden. In Tortillas mit Avocadosalsa servieren. Nach Belieben mit Zwiebeln, Koriander und Limettenspalten belegen.

67. Sesam-Rindfleisch

ZUTATEN:
1 Esslöffel helle Sojasauce
2 Esslöffel Sesamöl, geteilt
2 Teelöffel Maisstärke, geteilt
1-Pfund-Kleiderbügel, Rock oder flaches Eisensteak, in ¼ Zoll dicke Streifen geschnitten
½ Tasse frisch gepresster Orangensaft
½ Teelöffel Reisessig
1 Teelöffel Sriracha (optional)
1 Teelöffel hellbrauner Zucker
Koscheres Salz
Frisch gemahlener schwarzer Pfeffer
3 Esslöffel Pflanzenöl, geteilt
4 geschälte frische Ingwerscheiben, jede etwa so groß wie ein Viertel
1 kleine gelbe Zwiebel, in dünne Scheiben geschnitten
3 Knoblauchzehen, gehackt
½ Esslöffel weiße Sesamkörner zum Garnieren

ANWEISUNGEN:
In einer großen Schüssel das helle Soja, 1 Esslöffel Sesamöl und 1 Teelöffel Maisstärke verrühren, bis sich die Maisstärke aufgelöst hat. Das Rindfleisch dazugeben und mit der Marinade bestreichen. Während der Zubereitung der Soße 10 Minuten lang marinieren lassen.
In einem Messbecher aus Glas den Orangensaft, den restlichen 1 Esslöffel Sesamöl, Reisessig, Sriracha (falls verwendet), braunen Zucker, den restlichen 1 Teelöffel Maisstärke und je eine Prise Salz und Pfeffer verrühren. Rühren, bis sich die Maisstärke aufgelöst hat, und beiseite stellen.
Erhitzen Sie einen Wok bei mittlerer bis hoher Hitze, bis ein Tropfen Wasser brutzelt und bei Kontakt verdunstet. Geben Sie 2 Esslöffel Pflanzenöl hinzu und schwenken Sie es, um den Boden des Woks zu bedecken. Das Öl mit Ingwer und einer Prise Salz würzen. Lassen Sie

den Ingwer etwa 30 Sekunden lang im Öl brutzeln und schwenken Sie ihn dabei leicht.

Übertragen Sie das Rindfleisch mit einer Zange in den Wok und entsorgen Sie die Marinade. Lassen Sie die Stücke 2 bis 3 Minuten im Wok anbraten. Umdrehen und auf der anderen Seite weitere 1 bis 2 Minuten anbraten. Unter Rühren im Wok noch eine Minute lang schnell schwenken und schwenken. In eine saubere Schüssel umfüllen.

Den restlichen 1 Esslöffel Pflanzenöl hinzufügen und die Zwiebel hinzufügen. Die Zwiebel kurz unter Rühren mit einem Wok-Spatel 2 bis 3 Minuten lang anbraten, bis die Zwiebel durchscheinend aussieht, aber noch eine feste Konsistenz hat. Fügen Sie den Knoblauch hinzu und braten Sie ihn weitere 30 Sekunden lang an.

Die Soße einrühren und weiterkochen, bis die Soße einzudicken beginnt. Geben Sie das Rindfleisch wieder in den Wok und schwenken Sie es, sodass Rindfleisch und Zwiebeln mit Soße bedeckt sind. Mit Salz und Pfeffer abschmecken.

Auf eine Platte geben, den Ingwer wegwerfen, mit den Sesamkörnern bestreuen und heiß servieren.

68. Balsamico-Rosmarin-Flacheisensteak

FÜR 4 PERSONEN

ZUTATEN:
- 2 Zweige frischer Rosmarin
- 2 Knoblauchzehen
- 2 mittelgroße Frühlingszwiebeln
- 2 Esslöffel Olivenöl
- 1 Esslöffel Balsamico-Essig
- 1 Esslöffel Sojasauce
- 1 Teelöffel Dijon-Senf
- ¾ Teelöffel koscheres Salz
- ½ Teelöffel frisch gemahlener schwarzer Pfeffer
- ½ Teelöffel geräuchertes Paprikapulver
- ½ Teelöffel gemahlener Koriander
- 1 (1 1/4 bis 1 1/2 Pfund) flaches Eisensteak
- 2 Esslöffel neutrales Speiseöl, z. B. Raps

ANWEISUNGEN:

a) Bereiten Sie das Folgende vor und geben Sie jedes davon nach Fertigstellung in einen Gallonenbeutel mit Reißverschluss: Pflücken Sie die Blätter von 2 frischen Rosmarinzweigen, bis Sie 2 Teelöffel haben, und hacken, zerdrücken und schälen Sie 2 Knoblauchzehen grob, schneiden Sie 2 mittelgroße Frühlingszwiebeln ab und schneiden Sie sie in 1 Stück -Zoll-Längen.

b) 2 Esslöffel Olivenöl, 1 Esslöffel Balsamico-Essig, 1 Esslöffel Sojasauce, 1 Teelöffel Dijon-Senf, ¾ Teelöffel kosheres Salz, ½ Teelöffel schwarzer Pfeffer, ½ Teelöffel geräuchertes Paprikapulver und ½ Teelöffel gemahlener Koriander hinzufügen und verrühren. Fügen Sie 1 flaches Eisensteak hinzu, drücken Sie es aus, um die Luft zu entfernen, und verschließen Sie den Beutel. Massieren Sie das Steak ein, um es mit der Marinade zu überziehen. Auf einen Teller legen und mindestens 4 Stunden bis über Nacht im Kühlschrank lagern.

c) Das Steak aus der Marinade nehmen und mit Papiertüchern trocken tupfen. Erhitzen Sie 2 Esslöffel neutrales Speiseöl in einer großen Pfanne bei mittlerer bis hoher Hitze, bis es schimmert. Fügen Sie das Steak hinzu und kochen Sie es insgesamt 4 bis 5 Minuten lang, indem Sie die Pfanne nach der Hälfte der Zeit um 90° drehen, bis sich eine goldbraune Kruste auf dem Boden bildet. Drehen Sie das Steak um und wiederholen Sie das Bräunen der zweiten Seite.

d) Reduzieren Sie die Hitze auf mittlere Stufe. Drehen Sie das Steak um und kochen Sie weiter, indem Sie alle 1 bis 2 Minuten wenden, bis der dickste Teil des Steaks 125 °F bis 130 °F für Medium Rare anzeigt, weitere 4 bis 6 Minuten.

e) Übertragen Sie das Steak auf ein sauberes Schneidebrett und lassen Sie es 5 Minuten ruhen. Zum Servieren quer zur Faser aufschneiden.

69. In der Pfanne angebratenes Flat Iron Steak

Ergibt 4 Portionen

ZUTATEN:
- 1 (1 Pfund) flaches Eisensteak
- 2 Teelöffel Montreal-Steakgewürz
- ¼ Teelöffel koscheres Salz
- 1 Esslöffel Pflanzenöl

ANWEISUNGEN:
a) Steak gleichmäßig mit Steakgewürz und Salz einreiben.
b) In heißem Öl in einer großen Pfanne bei mittlerer bis hoher Hitze 4 bis 5 Minuten auf jeder Seite oder bis zum gewünschten Gargrad braten. 5 Minuten stehen lassen. Diagonal quer zur Faser in dünne Streifen schneiden.

FLANK-STEAK/BAVETTE

70. Gegrillte Andouille-Wurstrouladen

Ergibt: 1 Portion

ZUTATEN:
- 2 Teelöffel Olivenöl
- ½ Pfund Andouille-Wurst
- ½ Tasse fein gewürfelte Zwiebeln
- ½ Pfund Maytag-Blauschimmelkäse
- 1 Pfund Flankensteak; in 4 Stücke schneiden
- Wesen
- erstickte Kartoffeln
- 1 Esslöffel fein gewürfelte frische Petersilie
- 1 Esslöffel Olivenöl
- 1 Tasse Zwiebeln in dünne Scheiben schneiden
- Salz
- Frisch gemahlener schwarzer Pfeffer
- ¼ Pfund Walnusshälften
- 1 Pfund neue Kartoffeln; geviertelt und gegrillt
- 2 Teelöffel gewürfelter Knoblauch
- 2 Tassen Kalbfleischreduktion

ANWEISUNGEN:

a) Erhitzen Sie den Grill.
b) Legen Sie jedes Stück Flanksteak zwischen zwei Lagen Plastikfolie.
c) Mit einem Holzhammer jedes Steak etwa ¼ Zoll dick klopfen. Nehmen Sie die Plastikfolie heraus und entsorgen Sie sie.
d) Beide Seiten des Steaks mit Essenz würzen.
e) 2 Unzen der Wurstmischung gleichmäßig über jedes Steak verteilen. Streuen Sie 2 Unzen Käse gleichmäßig über jedes Steak. Beginnen Sie an einem Ende und rollen Sie jedes Steak fest auf, sodass eine Geleerollen-ähnliche Form entsteht.
f) Befestigen Sie jede Roulade mit drei Zahnstochern.
g) Legen Sie die Rouladen auf den Grill und braten Sie sie von allen Seiten 2 bis 3 Minuten lang an (bei mittlerer Hitze).
h) Vom Grill nehmen und vor dem Schneiden einige Minuten ruhen lassen.
i) Teilen Sie jede Roulade mit einem scharfen Messer in ½-Zoll-Segmente.
j) Zum Servieren die Kartoffeln in die Mitte jedes Tellers geben. Die Rouladenstücke rund um die Kartoffeln anordnen. Mit Petersilie garnieren.

71. Bulgogi vom Rind

Vorbereitungszeit: 10 Minuten
Kochzeit: 5 Minuten
Ergibt: 4 Personen

ZUTATEN:

- 2 ½ Esslöffel weißer Zucker
- 1 Pfund Flanksteak, in dünne Scheiben geschnitten
- ¼ Tasse Frühlingszwiebeln, gehackt
- 5 Esslöffel Sojasauce
- 2 Esslöffel gehackter Knoblauch
- ½ Teelöffel gemahlener schwarzer Pfeffer
- 2 Esslöffel Sesamöl
- 2 Esslöffel Sesamkörner

ANWEISUNGEN:

a) Legen Sie das Fleisch in eine Schüssel mit niedrigem Rand.

b) Zucker, Knoblauch, Sojasauce, Sesam und Öl mit den Frühlingszwiebeln und schwarzem Pfeffer in einer Schüssel vermischen.

c) Über das Rindfleisch träufeln, das Gericht abdecken und dann 60 Minuten, je länger, desto besser, sogar über Nacht im Kühlschrank ruhen lassen.

d) Wenn Sie fertig sind, heizen Sie den Grill oder BBQ vor und ölen Sie den Rost ein.

e) Sobald es heiß ist, das Fleisch auf beiden Seiten 2 Minuten grillen und servieren.

72. Koreanisch-amerikanisches mariniertes Flankensteak

Ergibt: 6 Personen

ZUTATEN:
- 1 Zwiebel, grob gehackt
- 4 Knoblauchzehen
- 2 ½ Tassen natriumarme Sojasauce
- 1 Teelöffel gehackter frischer Ingwer
- ¼ Tasse geröstetes Sesamöl
- 2 Esslöffel ungewürzter Fleischklopfer
- 2 Pfund Rinderflankensteak, getrimmt
- 3 Esslöffel Worcestershire-Sauce
- 1 Tasse weißer Zucker

ANWEISUNGEN:

a) Ingwer, Knoblauch und Zwiebel in einen Mixer geben, nun Sesamöl, Zucker, Sojasauce, Zartmacher und Worcestershire dazugeben und pürieren, bis eine glatte Masse entsteht.

b) Wenn Sie fertig sind, geben Sie die Sauce in einen Ziploc-Beutel oder eine Schüssel, falls Sie keine haben.

c) Das Fleisch mit einem Messer einschneiden, in die Marinade legen und über Nacht im Kühlschrank ruhen lassen.

d) Den Außengrill vorheizen und das Steak auf beiden Seiten 5-6 Minuten garen, auf Wunsch auch länger.

e) Aufschlag.

73. In der Pfanne gegrilltes Flanksteak

Macht: 8

ZUTATEN:
- ¼ Tasse Olivenöl
- 8 mittelgroße Knoblauchzehen, zerdrückt
- 1 Stück (5 Zoll) frischer Ingwer, in dünne Scheiben geschnitten
- 1 Esslöffel Honig
- 1½ Pfund Flanksteak, getrimmt
- Prise Salz
- Eine Prise schwarzen Pfeffer

ANWEISUNGEN:
a) In einem großen wiederverschließbaren Beutel alle ZUTATEN vermischen: außer Steak.
b) Steak dazugeben und großzügig mit Marinade bestreichen.
c) Verschließen Sie den Beutel und lassen Sie ihn etwa 24 Stunden lang im Kühlschrank marinieren.
d) Aus dem Kühlschrank nehmen und etwa 15 Minuten bei Raumtemperatur stehen lassen.
e) Eine Grillpfanne bei mittlerer bis hoher Hitze erhitzen und leicht einfetten.
f) Nehmen Sie das Steak aus der Marinade und legen Sie es auf eine Grillpfanne.
g) Auf jeder Seite 6–8 Minuten braten.
h) Bevor Sie das Steak in Scheiben schneiden, nehmen Sie es vom Grill und lassen Sie es 10 Minuten lang beiseite.
i) Mit einem scharfen Messer in Scheiben der gewünschten Größe schneiden und servieren.

74. Glasiertes Flankensteak

Macht: 6

ZUTATEN:
- ½ Tasse Olivenöl (extra vergine)
- 2 Knoblauchzehen, zerdrückt
- 2 Esslöffel Pfeilwurzmehl
- 1½ Pfund Flanksteak, getrimmt und in Scheiben geschnitten
- 1 Zwiebel, in Scheiben geschnitten
- 1 Teelöffel frischer Ingwer, gehackt
- ¼ Teelöffel gemahlener Kreuzkümmel
- 1/3 Tasse roher Honig
- ½ Tasse hausgemachte Rinderbrühe
- ½ Tasse Kokos-Aminosäuren
- 2 Esslöffel frischer Zitronensaft
- 5 Esslöffel Cashewnüsse
- 2 Esslöffel frische Petersilie, gehackt
- PriseSalz
- Eine Prise gemahlenen schwarzen Pfeffer

ANWEISUNGEN:

a) In einer Schüssel Pfeilwurzmehl, Salz und schwarzen Pfeffer vermischen.
b) Die Rindfleischscheiben gleichmäßig mit der Pfeilwurzmehlmischung bestreichen.
c) Etwa 10-15 Minuten ruhen lassen.
d) 1 Esslöffel Öl in einer Pfanne bei mittlerer Hitze erhitzen.
e) Die Zwiebel anbraten, bis sie glasig ist.
f) Knoblauch, Ingwer und Kreuzkümmel hinzufügen und etwa 1 Minute anbraten.
g) Honig, Brühe und Kokosnuss-Aminosäuren hinzufügen und gut vermischen.
h) Erhöhen Sie die Hitze auf eine hohe Stufe und kochen Sie es 3 Minuten lang unter regelmäßigem Rühren.
i) Die Soße vom Herd nehmen und auf einem Teller abkühlen lassen.
j) In einer Pfanne bei mittlerer Hitze das restliche Öl erhitzen und die Schweinefleischscheiben 3–4 Minuten lang anbraten.
k) Geben Sie die Rindfleischscheiben mit einem Schaumlöffel zum Abtropfen in eine mit Papiertüchern ausgelegte Schüssel.
l) In derselben Pfanne das restliche Öl bei mittlerer Hitze erhitzen.
m) Legen Sie die Rindfleischscheiben wieder in die Bratpfanne und braten Sie sie etwa 2–3 Minuten lang bei mittlerer bis hoher Hitze an.
n) Nach der Zugabe der Honigsauce 3 bis 5 Minuten kochen lassen.
o) Nach Zugabe des Zitronensafts vom Herd nehmen.
p) Cashewnüsse und Petersilie sind optionale Beilagen.

75. Sous Vide mongolisches Rindfleisch

Macht: 4

ZUTATEN:
- 2 Teelöffel Pflanzenöl
- ½ Teelöffel gehackter Ingwer
- 1 Esslöffel gehackter Knoblauch
- ½ Tasse Sojasauce
- ½ Tasse Wasser
- ¾ Tassen dunkelbrauner Zucker
- 1 Pfund Flanksteak
- 1/4 Tasse Maisstärke
- 2 Frühlingszwiebeln, in Scheiben geschnitten

ANWEISUNGEN:
a) Stellen Sie Ihren Anova auf 140F/65C ein.
b) Eine Pfanne bei mittlerer Hitze erhitzen und Knoblauch, Ingwer, Sojasauce und Wasser hinzufügen. Einen Moment köcheln lassen und dann den braunen Zucker hinzufügen. Rühren, bis die Soße leicht eindickt.
c) Das Steak in Streifen schneiden und in einen vakuumversiegelten Beutel geben.
d) Die Sauce mit dem Rindfleisch in den Beutel füllen und verschließen.
e) Ins Wasserbad tauchen und 1 Stunde kochen lassen.
f) Aus dem Wasserbad nehmen und mit geschnittenen Frühlingszwiebeln und gedünstetem Reis servieren.

76. Tomaten-Rindfleisch-Pfanne

ZUTATEN:
- ¾ Pfund Flank- oder Rocksteak, gegen die Faserrichtung in ¼ Zoll dicke Scheiben schneiden
- 1½ Esslöffel Maisstärke, geteilt
- 1 Esslöffel Shaoxing-Reiswein
- Koscheres Salz
- Gemahlener weißer Pfeffer
- 1 Esslöffel Tomatenmark
- 2 Esslöffel helle Sojasauce
- 1 Teelöffel Sesamöl
- 1 Teelöffel Zucker
- 2 Esslöffel Wasser
- 2 Esslöffel Pflanzenöl
- 4 geschälte frische Ingwerscheiben, jede etwa so groß wie ein Viertel
- 1 große Schalotte, in dünne Scheiben geschnitten
- 2 Knoblauchzehen, fein gehackt
- 5 große Tomaten, jede in 6 Spalten geschnitten
- 2 Frühlingszwiebeln, weiße und grüne Teile getrennt, in dünne Scheiben geschnitten

ANWEISUNGEN::

a) In einer kleinen Schüssel das Rindfleisch mit 1 Esslöffel Maisstärke, Reiswein und je einer kleinen Prise Salz und weißem Pfeffer vermischen. 10 Minuten beiseite stellen.

b) In einer anderen kleinen Schüssel den restlichen halben Esslöffel Maisstärke, Tomatenmark, helles Soja, Sesamöl, Zucker und Wasser verrühren. Beiseite legen.

c) Erhitzen Sie einen Wok bei mittlerer bis hoher Hitze, bis ein Tropfen Wasser brutzelt und bei Kontakt verdunstet. Gießen Sie das Pflanzenöl hinein und schwenken Sie es, um den Boden des Woks zu bedecken. Das Öl mit Ingwer und einer Prise Salz würzen. Lassen Sie den Ingwer etwa 30 Sekunden lang im Öl brutzeln und schwenken Sie ihn dabei leicht.

d) Geben Sie das Rindfleisch in den Wok und braten Sie es 3 bis 4 Minuten lang an, bis es nicht mehr rosa ist. Schalotte und Knoblauch hinzufügen und 1 Minute lang anbraten. Tomaten und Frühlingszwiebeln hinzufügen und unter Rühren weiterbraten.

e) Die Soße einrühren und unter Rühren 1 bis 2 Minuten weiterbraten, oder bis das Rindfleisch und die Tomaten bedeckt sind und die Soße leicht eingedickt ist.

f) Den Ingwer wegwerfen, auf eine Platte geben und mit den Frühlingszwiebeln garnieren. Heiß servieren.

77. mongolisches Rindfleisch

ZUTATEN:
- 2 Esslöffel Shaoxing-Reiswein
- 1 Esslöffel dunkle Sojasauce
- 1 Esslöffel Maisstärke, geteilt
- ¾-Pfund-Flanksteak, gegen die Faser in ¼ Zoll dicke Scheiben schneiden
- ¼ Tasse natriumarme Hühnerbrühe
- 1 Esslöffel hellbrauner Zucker
- 1 Tasse Pflanzenöl
- 4 oder 5 ganze getrocknete rote chinesische Chilis
- 4 Knoblauchzehen, grob gehackt
- 1 Teelöffel geschälter, fein gehackter frischer Ingwer
- ½ gelbe Zwiebel, in dünne Scheiben geschnitten
- 2 Esslöffel grob gehackter frischer Koriander

ANWEISUNGEN::

a) In einer Rührschüssel Reiswein, dunkles Soja und 1 Esslöffel Maisstärke verrühren. Das in Scheiben geschnittene Flanksteak dazugeben und vermischen. Beiseite stellen und 10 Minuten marinieren.

b) Gießen Sie das Öl in einen Wok und erhitzen Sie es bei mittlerer bis hoher Hitze auf 375 °F. Sie können erkennen, dass das Öl die richtige Temperatur hat, wenn Sie das Ende eines Holzlöffels in das Öl tauchen. Wenn das Öl rund herum sprudelt und brutzelt, ist das Öl fertig.

c) Heben Sie das Rindfleisch aus der Marinade und bewahren Sie die Marinade auf. Das Rindfleisch in das Öl geben und 2 bis 3 Minuten braten, bis eine goldene Kruste entsteht. Geben Sie das Rindfleisch mit einem Wok-Skimmer in eine saubere Schüssel und stellen Sie es beiseite. Hühnerbrühe und braunen Zucker in die Marinadenschüssel geben und verrühren.

d) Gießen Sie alles bis auf einen Esslöffel Öl aus dem Wok und stellen Sie ihn auf mittlere bis hohe Hitze. Chilischoten, Knoblauch und Ingwer hinzufügen. Lassen Sie die Aromen etwa 10 Sekunden lang im Öl brutzeln und schwenken Sie dabei leicht.

e) Fügen Sie die Zwiebel hinzu und braten Sie sie 1 bis 2 Minuten lang oder bis die Zwiebel weich und durchscheinend ist. Die Hühnerbrühe-Mischung hinzufügen und vermischen. Etwa 2 Minuten köcheln lassen, dann das Rindfleisch dazugeben und alles weitere 30 Sekunden vermischen.

f) Auf eine Platte geben, mit Koriander garnieren und heiß servieren.

78. Sichuan-Rindfleisch mit Sellerie und Karotten

ZUTATEN:
- 2 Esslöffel Shaoxing-Reiswein
- 1 Esslöffel dunkle Sojasauce
- 2 Teelöffel Sesamöl
- ¾ Pfund Flank- oder Rocksteak, gegen die Faserrichtung in ¼ Zoll dicke Scheiben schneiden
- 1 Esslöffel Hoisinsauce
- 2 Teelöffel helle Sojasauce
- 2 Teelöffel Wasser
- 2 Esslöffel Maisstärke, geteilt
- ¼ Teelöffel chinesisches Fünf-Gewürze-Pulver
- 2 Esslöffel Pflanzenöl
- 1 Teelöffel Sichuan-Pfefferkörner, zerstoßen
- 4 geschälte frische Ingwerscheiben, jede etwa so groß wie ein Viertel
- 3 Knoblauchzehen, leicht zerdrückt
- 2 Selleriestangen, in 3-Zoll-Streifen geschnitten
- 1 große Karotte, geschält und in 3-Zoll-Streifen geschnitten
- 2 Frühlingszwiebeln, in dünne Scheiben geschnitten

ANWEISUNGEN::

a) In einer Rührschüssel Reiswein, dunkles Soja und Sesamöl verrühren. Das Rindfleisch dazugeben und vermischen. 10 Minuten beiseite stellen. In einer kleinen Schüssel Hoisinsauce, helles Soja, Wasser, 1 Esslöffel Maisstärke und Fünf-Gewürze-Pulver vermischen. Beiseite legen.

b) Erhitzen Sie einen Wok bei mittlerer bis hoher Hitze, bis ein Tropfen Wasser brutzelt und bei Kontakt verdunstet. Gießen Sie das Pflanzenöl hinein und schwenken Sie es, um den Boden des Woks zu bedecken. Würzen Sie das Öl, indem Sie Pfefferkörner, Ingwer und Knoblauch hinzufügen. Lassen Sie die Aromen etwa 10 Sekunden lang im Öl brutzeln und schwenken Sie dabei leicht.

c) Das Rindfleisch mit dem restlichen 1 Esslöffel Maisstärke bestreichen und in den Wok geben. Braten Sie das Rindfleisch 1 bis 2 Minuten lang an der Seite des Woks an, oder bis sich eine goldbraune Kruste bildet. Wenden und auf der anderen Seite noch eine Minute anbraten. Weitere ca. 2 Minuten wenden und wenden, bis das Rindfleisch nicht mehr rosa ist.

d) Schieben Sie das Rindfleisch an den Rand des Woks und geben Sie Sellerie und Karotte in die Mitte. Weitere 2 bis 3 Minuten unter Rühren braten, bis das Gemüse weich ist. Rühren Sie die Hoisin-Sauce-Mischung um und gießen Sie sie in den Wok. Unter Rühren weiterbraten und das Rindfleisch und das Gemüse 1 bis 2 Minuten lang mit der Soße bestreichen, bis die Soße einzudicken beginnt und glänzt. Ingwer und Knoblauch entfernen und wegwerfen.

e) Auf eine Platte geben und mit den Frühlingszwiebeln garnieren. Heiß servieren.

79. Saures Orangen-Beef Jerky

- 2 Pfund sehr mageres Rinderfilet oder Flankensteak
- 3 Tassen geschnittene rote Zwiebel
- 1 Tasse Orangensaft
- ½ Tasse Zitronensaft
- 2 Esslöffel feines Meersalz
- 4 Teelöffel gemahlener Kreuzkümmel
- Neutrales Speiseöl

a) Frieren Sie das Steak 30 Minuten lang ein, damit es sich leichter in dünne Scheiben schneiden lässt.
b) Schneiden Sie das Fleisch mit einem sehr scharfen Messer gegen die Faser so dünn wie möglich in ⅛ bis ¼ Zoll Dicke.
c) Entfernen Sie mit einem kleinen, scharfen Messer sämtliche Fettreste vom Fleisch. Überspringen Sie diesen Schritt nicht. Fleisch kann gepökelt werden, Fett jedoch nicht, und das Fett kann später ranzig werden.
d) Legen Sie das gut geschnittene Fleisch zwischen zwei Lagen Papiertücher und rollen Sie es fest auf, um so viel Feuchtigkeit wie möglich herauszudrücken. 4. In einer mittelgroßen Schüssel das Fleisch mit der Zwiebel, Orangensaft, Zitronensaft, Salz und Kreuzkümmel vermischen. Lassen Sie das Fleisch 1 Stunde lang marinieren, um seinen Geschmack zu verstärken. Das Fleisch herausnehmen und die Marinade wegwerfen.
e) Jetzt ist es an der Zeit, das Fleisch entweder im Ofen oder mit einem Dörrgerät zu trocknen.

80. Flankensteak-Windräder

-

- 2 1-1 ½ Pfund Flanksteaks
- 12 Tassen Zwiebeln, gehackt
- 14 EL Knoblauchflocken
- 1 Tasse Öl
- 12/3 Tasse Essig
- l2 TL Salz
- l½ TL Thymian
- l½ TL Majoran
- 1/8 TL roter Pfeffer

a) Steaks quer zur Faser schräg in 1/4 Zoll dicke Scheiben schneiden. Scheiben aufrollen und mit Zahnstochern fixieren.
b) Windräder in einen mittelgroßen Topf geben und mit gehackten Zwiebeln bestreuen.
c) Die restlichen ZUTATEN vermengen und gut umrühren. Marinade über die Windräder gießen. Abdeckung

81. Mit Spargel umwickeltes Flanksteak

- 1 Pfund Flanksteak
- 1/3 Tasse Olivenöl
- 1/3 Tasse Merlot oder anderer Rotwein
- 1/4 Tasse A1-Steaksauce (oder jede andere Steaksauce, die Sie mögen)
- Spargel

a) Olivenöl, Merlot und Steaksauce in einen großen Ziploc-Beutel geben und gut vermischen. Legen Sie das Steak in den Beutel und achten Sie darauf, dass es vollständig von der Marinade bedeckt ist. Mindestens 2 Stunden kühl stellen.

b) Erhitzen Sie einen Grill, bis er glühend heiß ist (wie Rachael Ray sagen würde). Das Steak aus der Marinade nehmen und eine Seite salzen und pfeffern. Legen Sie diese Seite auf den heißen Grill und salzen und pfeffern Sie die Seite nach oben. Nach 4-5 Minuten wenden. Für ein Medium-Rare-Steak sollte es auf dieser Seite weitere 4 Minuten dauern.

c) Nehmen Sie das Steak vom Grill und lassen Sie es vor dem Schneiden mindestens 10 Minuten unter einem Alufolienzelt ruhen.

d) Schneiden Sie die Stiele vom Spargel ab. Die Stiele mit Salz und Pfeffer vermischen und dann eine Scheibe Pancetta um zwei Stiele wickeln. Mit dem restlichen Spargel wiederholen.

e) Die Speere auf einem mit Backpapier ausgelegten Backblech verteilen und 20 Minuten bei 180 °C rösten.

82. Jack Daniels Beef Jerky

- 2 Pfund Flanksteak
- ½ Tasse Sojasauce
- ½ Tasse Jack Daniels Bourbon ¼ Tasse brauner Zucker
- 1 Esslöffel Flüssigrauch
- ½ Tasse Wasser
- 4 Knoblauchzehen
- 2 Esslöffel frisch gemahlener schwarzer Pfeffer
- 1 Teelöffel roter Pfeffer
- 1 Teelöffel weißer Pfeffer
- 1 Teelöffel Zwiebelpulver

Kombinieren Sie die Marinade ZUTATEN: in einer Schüssel. Legen Sie das Fleisch in eine Plastiktüte oder eine flache Schüssel und gießen Sie die Marinade darüber. Etwa 2 Tage lang marinieren. Rühren Sie die Mischung von Zeit zu Zeit um. Trocknen Sie Fleisch bei der niedrigsten Temperatur Ihres Ofens oder in einem Dörrgerät, bis es flexibel, aber steif ist.

83. Rindfleisch Lo Mein

Macht: 4

ZUTATEN:
- 8 Unzen ungekochte Spaghetti
- 1 Teelöffel Sesamöl
- ½ Unze Erdnussöl
- 4 gehackte Knoblauchzehen
- ½ Unze Ingwer, gehackt
- 32 Unzen gemischtes Gemüse
- 16 Unzen dünn geschnittenes Flanksteak
- 1 ½ Unze Sojasauce
- 1 Unze brauner Zucker
- ½ Unze Austernsauce
- ½ Unze Chilipaste mit Knoblauchgeschmack

ANWEISUNGEN:
a) Salzwasser aufkochen und Spaghetti-Nudeln 12 Minuten kochen
b) Die Nudeln abgießen und in eine große Schüssel geben.
c) Die Nudeln mit Sesamöl vermengen und die Schüssel abdecken, um die Nudeln warm zu halten.
d) Erdnussöl in einer großen Bratpfanne bei mittlerer bis hoher Hitze erhitzen und Knoblauch und Ingwer 30 Sekunden lang in Öl anbraten.
e) Geben Sie das Gemüse in die Pfanne und kochen Sie es 5 Minuten lang. Fügen Sie dann das Rindfleisch hinzu und kochen Sie es weitere 5 Minuten lang oder bis es durchgeheizt ist.
f) Alle ZUTATEN 3 Minuten lang vermengen, bis sie heiß sind.

84. Steak-Tacos mit rosa eingelegten Zwiebeln und Pico de Gallo

Macht: 2

ZUTATEN:

- 2 x 220 g Bavette-Steaks
- 1 Teelöffel gemahlener Kreuzkümmel
- 1 Teelöffel mexikanisches Chilipulver
- 2 Esslöffel mildes Olivenöl
- 6–8 x 15 cm große, runde Tortillas aus mexikanischem Mais oder blauem Mais
- Meersalz und frisch gemahlener schwarzer Pfeffer
- Für die eingelegte Zwiebel
- 2 rote Zwiebeln, geschält und fein geschnitten
- ¼ Teelöffel getrockneter Oregano
- Saft von 1 Limette
- Für den Pico de Gallo
- 200 g Kirschtomaten, geviertelt
- 1 grüne Jalapeño-Chili, entkernt, wenn Sie eine mildere Note wünschen, in Scheiben geschnitten
- Eine kleine Handvoll Koriander, grob gehackt
- 1 reife Avocado, geschält, entsteint und gewürfelt
- Spritzer Limettensaft
- Für die Chipotle-Crema
- 150g Sauerrahm
- 2 Teelöffel Chipotle-Paste

ANWEISUNGEN:

a) Die Steaks mit Kreuzkümmel und Chilipulver bestreuen. Mit Olivenöl beträufeln und mit Salz und Pfeffer würzen.

b) Die geschnittenen Zwiebeln in eine kleine Schüssel geben und mit kochendem Wasser bedecken. 10 Minuten einwirken lassen.

c) In der Zwischenzeit den Pico de Gallo zubereiten: Tomaten und Jalapeño mit Koriander, Avocado und Limettensaft in eine kleine Schüssel geben. Nach Geschmack würzen.

d) Die Zwiebeln abtropfen lassen und in eine kleine Schüssel geben. Oregano, Limettensaft und etwas Salz hinzufügen und verrühren.

e) Eine große, beschichtete Bratpfanne bei starker Hitze erhitzen und die Steaks auf jeder Seite 3–4 Minuten braten. Auf einen warmen Teller geben und ruhen lassen.

f) Erhitzen Sie die Tortillas nacheinander in einer großen Pfanne, bis sie auf jeder Seite leicht geröstet sind.

g) Machen Sie die Chipotle-Crema, indem Sie die saure Sahne mit der Chipotle-Paste vermischen.

h) Die Steaks in dicke Scheiben schneiden. Legen Sie die Tortillas auf zwei Teller und geben Sie etwas Crema darüber. Mit Steakscheiben, etwas Pico de Gallo und rosa Zwiebeln belegen und sofort servieren.

SCOTCH-FILET

85. Koreanisch-amerikanisches Steak

Ergibt: 6 Personen

ZUTATEN:
- 5 Esslöffel weißer Zucker
- 2 Pfund schottisches Filet, in dünne Scheiben geschnitten
- 2 ½ Esslöffel Sesamkörner
- ½ Tasse Sojasauce
- 2 Knoblauchzehen, zerdrückt
- 2 Esslöffel Sesamöl
- 5 Esslöffel Mirin, japanischer Süßwein
- 3 Schalotten in dünne Scheiben geschnitten

ANWEISUNGEN:
a) Sesamsamen und Öl, Knoblauch, Sojasauce, Schalotten, Zucker und Mirin vermischen.
b) Das Fleisch in die Soße geben und unter das Fleisch mischen, abdecken und für 12 Stunden in den Kühlschrank stellen.
c) Wenn es fertig ist, erhitzen Sie eine Pfanne bei mittlerer Hitze und braten Sie das Fleisch 6–8 Minuten lang oder bis es gar ist.
d) Mit gebratenem Reis oder Salat servieren.

86. Scotch Filetsteaks mit getrocknetem Oregano

PERSONEN: 4

ZUTATEN:

- 4 x 180 g schottische Filetsteaks, ohne Fett
- 2 EL Olivenöl
- 1 EL getrocknete Oreganoblätter
- 1 TL Kreuzkümmelsamen
- 1 TL Fenchelsamen
- Zum Servieren die Schale und den Saft einer Zitrone + zusätzliche Zitronenspalten servieren
- 1 große Aubergine
- 2 x 250-g-Päckchen brauner Reis und Quinoa für die Mikrowelle
- 1 EL karamellisierter Balsamico-Essig
- 4 alte Tomaten, in Spalten geschnitten
- 1 libanesische Gurke, gewürfelt
- ¼ Tasse Korianderblätter
- 80g Ziegenkäse, zerbröselt
- 1 Granatapfel, Kerne entfernt

Anweisungen:

a) Schneiden Sie ein paar Schlitze in die Aubergine und platzieren Sie sie mit einer Zange direkt über einer Gasflamme (siehe Tipp, wenn Sie keine Gasflamme haben). 10 Minuten kochen lassen, dabei alle paar Minuten wenden, während die Haut verkohlt und die Aubergine weicher wird. Auf ein Tablett legen und der Länge nach halbieren. Das Fruchtfleisch in ein Sieb über einer Schüssel geben und 20 Minuten abtropfen lassen.

b) Eine Holzkohlegrillpfanne oder einen Grill auf höchste Stufe vorheizen. Steaks leicht mit der Hälfte des Öls bestreichen, würzen und dann Oregano, Kreuzkümmel, Fenchel und Zitronenschale über die Steaks streuen. Pro Seite 3 bis 4 Minuten braten, oder bis es nach Wunsch gar ist, dabei die Steaks während des Garens mit der Hälfte des Zitronensafts bestreichen, um ein Verbrennen der Gewürze zu verhindern. Steaks vom Herd nehmen, locker mit Folie abdecken und 5 Minuten ruhen lassen.

c) In der Zwischenzeit Quinoa und Reis nach Packungsanleitung zubereiten: In eine große Schüssel geben. Die abgetropften Auberginen fein hacken und mit dem restlichen Öl, dem Balsamico-Essig und dem restlichen Zitronensaft in die Schüssel geben und verrühren, bis alles gut vermischt ist. Tomaten, Gurken, Koriander, Ziegenkäse und die Hälfte der Granatapfelkerne unterrühren. Würzen und mit den restlichen Granatapfelkernen belegen.

d) Steaks mit Auberginen-Quinoa-Salat und Zitronenschnitzen servieren.

87. Perfektes schottisches Filet

Portionen: 2

ZUTATEN:
- 2 x 250 g schottische Filetsteaks
- Natives Olivenöl extra
- Meersalzflocken
- Frisch gemahlener schwarzer Pfeffer

ANWEISUNGEN:
a) Nehmen Sie das Steak mindestens 30 Minuten vor dem Verzehr aus dem Kühlschrank.
b) Heizen Sie Ihren Grill oder Grill auf mittlere bis hohe Stufe vor.
c) Das Steak rundherum leicht mit Öl einreiben und großzügig mit Salz und Pfeffer würzen. Bei mittlerer bis hoher Hitze 2 Minuten garen, dann wenden und weitere 2 Minuten garen.
d) Nochmals wenden, dieses Mal im 180-Grad-Winkel, und weitere 2 Minuten garen. Ein letztes Mal wenden und weitere 2 Minuten kochen lassen.
e) Die Steaks sollten medium-rare gegart sein und ordentlich schraffierte Markierungen vom Grill aufweisen.
f) Verwenden Sie die Daumen-an-Finger-Ablage, um den Gargrad zu überprüfen, oder überprüfen Sie das Innere des Fleisches mit einem Fleischthermometer.
g) Die Steaks auf einen warmen Teller legen und locker mit Folie abdecken. Vor dem Servieren 4 Minuten ruhen lassen.
h) Mit Senf oder Relish servieren oder mit Ihrer Lieblingsbutter belegen.

KRONFLEISCH

88. Sous Vide Hanger Steak

Macht: 2

ZUTATEN:
- 1 Pfund Hanger Steak
- 2 Esslöffel Salz
- 2 Esslöffel schwarzer Pfeffer
- 3 Esslöffel Butter
- ½ Tasse natriumarme Hühnerbrühe
- ½ Tasse Rotwein
- 1 Zweig Thymian

ANWEISUNGEN:
a) Stellen Sie Ihren Anova auf 135F/57,2C ein.
b) Das Hanger Steak rundherum mit Salz und Pfeffer einreiben und zusammen mit 1 EL Butter in einen vakuumversiegelten Beutel geben.
c) Den Beutel verschließen und für 45 Minuten ins Wasserbad legen.
d) Während das Steak kocht, erhitzen Sie eine Pfanne auf mittlerer Stufe und geben Sie Hühnerbrühe, Wein und Thymian hinzu. Etwa um die Hälfte reduzieren.
e) Wenn das Steak fertig ist, nehmen Sie es aus dem Beutel und gießen Sie die Flüssigkeit aus dem Beutel in den Topf.
f) Erhitzen Sie eine große gusseiserne Pfanne bei starker Hitze und geben Sie das Steak zum Räuchern hinein und braten Sie es von allen Seiten an. Aus der Pfanne nehmen.
g) Das Steak gegen die Faser aufschneiden und zum Servieren mit der Jus beträufeln.

89. Hanger Steak mit Rotwein-Schalottensauce

Für 2 bis 4 Personen
2 (8 Unzen) Hanger-Steaks
Koscheres Salz und frisch gemahlener schwarzer Pfeffer
2 Esslöffel natives Olivenöl extra
1 großer Zweig Rosmarin
¼ Tasse (½ Stange) ungesalzene Butter
4 Schalotten, gehackt (ca. ¾ Tasse)
1 Tasse vollmundiger Rotwein (z. B. Cabernet Sauvignon oder Syrah)
Grobes Meersalz zum Garnieren

1. Bereiten Sie die Steaks vor. Etwa 45 Minuten vor dem Garen die Steaks aus dem Kühlschrank nehmen und bei Zimmertemperatur stehen lassen. Nachdem die Steaks 30 Minuten lang temperiert wurden, tupfen Sie sie mit Papiertüchern trocken. Von beiden Seiten großzügig mit Salz und Pfeffer würzen.
2. Die Steaks scharf anbraten. In einer großen, schweren Pfanne das Olivenöl auf mittlerer bis hoher Stufe erhitzen, bis es heiß ist. Die Steaks dazugeben und auf der ersten Seite 2 bis 4 Minuten braten, bis sie braun sind. Drehen Sie die Steaks um und braten Sie sie 1 bis 2 Minuten lang, bis sie leicht gebräunt sind.
3. Begießen Sie die Steaks. Rosmarin und 2 Esslöffel Butter hinzufügen. Kippen Sie die Pfanne und löffeln Sie die Butter kontinuierlich über die Steaks. Kochen Sie es 2 bis 3 Minuten lang bei mittlerer Rarität (ein sofort ablesbares Thermometer, das in die dickste Stelle des Steaks eingeführt wird, sollte zwischen 130 und 135 °F anzeigen) oder bis es gar ist Ihren gewünschten Gargrad. Übertragen Sie die Steaks auf ein Schneidebrett und lassen Sie alle gebräunten Stücke (Fond) und Fett in der Pfanne. Den Rosmarin herausnehmen und wegwerfen.
4. Machen Sie die Soße. Während die Steaks ruhen, die Schalotten in den Fond geben. Auf mittlerer Stufe unter gelegentlichem Rühren 2 bis 3 Minuten kochen, bis es weich ist und duftet. Fügen Sie den Wein hinzu und kochen Sie ihn unter Rühren und kratzen Sie den restlichen Fond vom Boden der Pfanne 2 bis 3 Minuten lang, bis sich das Volumen der Flüssigkeit auf etwa die Hälfte reduziert

hat. Reduzieren Sie die Hitze auf eine niedrige Stufe und fügen Sie die restlichen 2 Esslöffel Butter hinzu. Unter häufigem Rühren 1 bis 2 Minuten kochen, bis die Sauce leicht glänzt und gut vermischt ist. Vom Herd nehmen und an einem warmen Ort aufbewahren.

5. Servieren Sie die Steaks. Finden Sie die Maserung (Muskellinien; siehe Kochtipp) der Steaks; gegen die Faser in dünne Scheiben schneiden. Auf eine Servierplatte geben. Geben Sie den Saft vom Schneidebrett in den Topf mit der Soße. Zum Kombinieren umrühren. Die geschnittenen Steaks mit der Hälfte der Soße belegen und mit der restlichen Soße als Beilage servieren. Mit Meersalz bestreuen und servieren.

90. Gegrilltes, mariniertes Hanger-Steak nach Bulgogi-Art

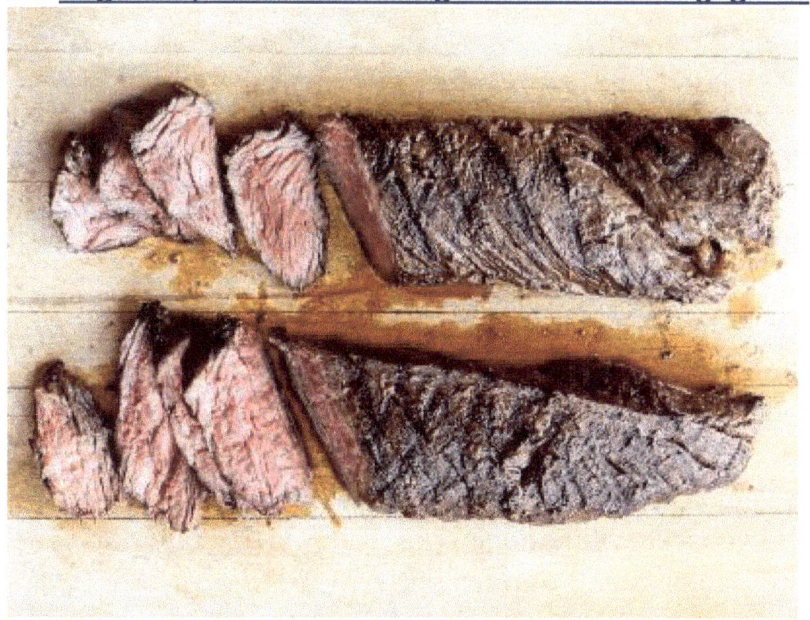

Ergibt: 4 Portionen

ZUTATEN:
- ½ Tasse koreanische Chilibohnenpaste; (gochu-jan)
- 2 Esslöffel gehackter Knoblauch
- 1 Esslöffel gehackter Ingwer
- ¼ Tasse Reisessig
- ¼ Tasse Zucker
- ¼ Tasse dünne Sojasauce
- 1 Esslöffel grob gemahlener schwarzer Pfeffer
- 1 Tasse Rapsöl
- ¼ Tasse Sesamöl
- 1 Tasse gehackte Frühlingszwiebeln
- ⅓ Tasse gehackter Koriander
- 3 Pfund Hanger Steak; Sehnen entfernt
- Geschnittene grüne Frühlingszwiebeln; für garnieren
- Gebratene Schalotten; zum Garnieren, (Option
- Gebratener Sesamreis
- Gurken-Kimchee

GOCHU-JAN-SAUCE
- ½ Tasse Marinade von oben
- ½ Teelöffel Salz
- Saft von 1 Zitrone

In einer Küchenmaschine Chilipaste, Knoblauch, Ingwer, Essig, Zucker, Soja und schwarzen Pfeffer hinzufügen. Gut vermischen, dann die Öle darüber träufeln. Während es noch läuft, die Frühlingszwiebeln und den Koriander hinzufügen. Auf Gewürze achten. Es sollte nicht salzig sein, da das Salz direkt vor dem Grillen hinzugefügt wird. Nehmen Sie eine halbe Tasse der Marinade heraus und bewahren Sie sie für die Soße auf.

Den Kleiderbügel in einer Schüssel vollständig mit der restlichen Marinade bestreichen und über Nacht marinieren lassen. Auf einem heißen, geölten Grill den Hanger mit Salz würzen und etwa 8 Minuten grillen, bis er mittel-selten ist.

Für die Gochu-Jan-Sauce: Alle ZUTATEN in einer Schüssel vermischen.

Zum Anrichten: Die Soße auf einem großen weißen Teller im Zickzack verteilen. Legen Sie einen kleinen Hügel gebratenen Sesamreis darauf und belegen Sie ihn schräg mit dem in zwei Hälften geschnittenen Hanger Steak.

Gurken-Kimchee darauflegen und mit Sesamkörnern, Frühlingszwiebeln und gebratenen Schalotten garnieren.

91. Metzgersteak (Hangersteak)

Portionen: 4

ZUTATEN:
- 1 (2 Pfund) Metzgersteak (Hängersteak)
- Salz und frisch gemahlener schwarzer Pfeffer nach Geschmack
- 1 Esslöffel geklärte Butter
- ⅔ Tasse Hühnerbrühe
- 2 Teelöffel Balsamico-Essig
- 2 Esslöffel kalte Butter, in Würfel schneiden
- Salz nach Geschmack

a) Entfernen Sie sämtliche Silberhaut und überschüssiges Fett vom Steak. Schneiden Sie vorsichtig das Bindegewebe heraus, das die beiden Hälften des Steaks verbindet, und teilen Sie das Ganze in zwei lange Stücke. Schneiden Sie ein Stück Fleisch von einer Hälfte ab (es ist ein Stück, das leicht von der größeren Hälfte getrennt ist).
b) Dann schneiden Sie jede der 2 größeren Hälften in je 2 Steaks. Mit Salz und Pfeffer bestreuen.
 Pfanne bei starker Hitze erhitzen. Wenn die Pfanne heiß ist, geklärte Butter hinzufügen und die Steaks in die Pfanne legen. Hitze auf mittlere Stufe reduzieren. Backen, bis es von allen Seiten gebräunt, fest und innen rötlich-rosa ist.
c) Ein in der Mitte eingesetztes sofort ablesbares Thermometer sollte 52 °C (125 °F) anzeigen, also insgesamt etwa 12 Minuten. (Dieses Fleischstück hat eine Art Dreiecksform, also etwa 4 Minuten pro Seite.) Auf einen warmen Teller legen und mit Folie überziehen, damit die Steaks ruhen und die Temperatur auf 130 Grad F ansteigen kann.
d) Brühe bei mittlerer Hitze in die Pfanne gießen. Mit einem Holzlöffel umrühren und dabei die gebräunten Stücke vom Boden abkratzen. Wenn sich die Bräunung auflöst und die Flüssigkeit nach 2 bis 3 Minuten zu reduzieren beginnt, reduzieren Sie die Hitze auf eine niedrige Stufe. Den angesammelten Fleischsaft, Balsamico-Essig und Butterstücke hinzufügen. Kochen und rühren, bis die

Butter schmilzt. Wenn die Flüssigkeit zu stark reduziert ist, einen Spritzer Brühe hinzufügen.

e) Probieren Sie, ob die Sauce etwas Salz benötigt.

f) Zum Servieren die Steaks in Scheiben schneiden und die Pfannensoße darüber geben.

PORTERHOUSE-STEAK

92. Mit Butter bestrichenes Porterhouse

Für 2 bis 4 Personen

1 (1½ Pfund) Porterhouse-Steak
Koscheres Salz und frisch gemahlener schwarzer Pfeffer
1 Esslöffel natives Olivenöl extra
¼ Tasse (½ Stange) ungesalzene Butter
2 große Zweige Rosmarin
3 Knoblauchzehen, ungeschält, leicht zerdrückt
Grobes Meersalz zum Garnieren
1 Zitrone, in Spalten geschnitten, zum Servieren

ANWEISUNGEN:
1. Bereiten Sie das Steak vor. Etwa 45 Minuten vor dem Garen das Steak aus dem Kühlschrank nehmen und bei Zimmertemperatur stehen lassen. Nachdem das Steak 30 Minuten lang temperiert wurde, tupfen Sie es mit Papiertüchern trocken. Auf beiden Seiten großzügig mit koscherem Salz und Pfeffer würzen. Nach weiteren 15 Minuten erneut mit Papiertüchern trockentupfen. Nochmals mit koscherem Salz und Pfeffer auf beiden Seiten würzen.
2. Das Steak scharf anbraten. Schieben Sie einen Ofenrost in die höchste Position und heizen Sie den Ofengrill auf höchste Stufe vor. Erhitzen Sie eine ofenfeste Pfanne (eine gusseiserne Pfanne, falls vorhanden) auf mittlerer bis hoher Stufe, bis sie heiß ist. Fügen Sie das Olivenöl hinzu und schwenken Sie es, bis die Pfanne bedeckt ist. Fügen Sie das Steak hinzu. Die erste Seite 2 bis 4 Minuten braten, bis sie braun ist. Drehen Sie das Steak um und braten Sie es 1 bis 2 Minuten lang, bis es auf der zweiten Seite leicht gebräunt ist.
3. Das Steak begießen und grillen. Butter, Rosmarin und Knoblauch hinzufügen. Kochen Sie, indem Sie die Pfanne kippen und die Butter 1 bis 2 Minuten lang kontinuierlich über das Steak löffeln, bis es vollständig bedeckt ist. Vom Herd nehmen. Stellen Sie die Pfanne mit einem Topflappen oder einem dicken Küchentuch auf den Ofenrost direkt unter dem Grill. Grillen Sie das Steak 1 bis 2 Minuten lang, bis es tief gebräunt und auf den gewünschten Gargrad gegart ist (bei Medium-Rare sollte ein sofort ablesbares

Thermometer in der Mitte des Steaks zwischen 130° und 135°F anzeigen).

4. Lassen Sie das Steak ruhen und servieren Sie es. Übertragen Sie das Steak auf ein Schneidebrett. Rosmarin und Knoblauch entfernen und wegwerfen. Lassen Sie das Steak mindestens 5 Minuten ruhen. Schneiden Sie die beiden Fleischstücke aus dem T-Bone. Finden Sie die Maserung (Muskellinien) des Steaks; Gegen die Faser in ¼ Zoll dicke Scheiben schneiden. Auf eine Servierplatte geben. Geben Sie den Saft vom Schneidebrett zur Butter in der Pfanne. Umrühren und über das geschnittene Steak gießen. Mit Meersalz würzen und mit den Zitronenschnitzen als Beilage servieren.

93. Porterhouse-Steak und italienisches Gemüse

Ergibt: 4 Portionen

ZUTATEN:
2 Beef Porterhouse Steaks, 2,5 cm dick geschnitten
2 Esslöffel geriebener Parmesankäse
2 Esslöffel Olivenöl
1 Teelöffel getrocknetes italienisches Gewürz
1 mittelgroße Zucchini, der Länge nach geschnitten
1 mittelgroßer gelber Kürbis, der Länge nach halbiert
1 mittelgroße rote Paprika, in 8 Streifen geschnitten.
Zubereitungszeit: 25 Min.

1. Käse, Öl und italienische Gewürze vermischen; Die Schnittflächen des Kürbisses und die Innenseite der Paprika mit der Mischung bestreichen.

2. Legen Sie Rindersteak und Gemüse mit der Schnittseite nach unten auf den Rost in der Grillpfanne, sodass die Fleischoberfläche 7,6 bis 10 cm von der Hitze entfernt ist. 10 bis 15 Minuten lang grillen, dabei einmal wenden.

3. Steak nach Belieben mit Salz und Pfeffer würzen.

4. Steaks in dicke Scheiben schneiden.

94. Gegrilltes Doppel-Porterhouse-Steak

Ergibt: 2 Portionen

ZUTATEN:
2 Porterhouse-Steak; getrimmt
1 Esslöffel Olivenöl
2 große Knoblauchzehen; zerquetscht
Zitronenscheibe
Salz
Frisch gemahlener schwarzer Pfeffer
1 Stunde.
Öl und Knoblauch vermischen und auf beiden Seiten auf den Steaks verteilen. Lassen Sie die äußere Fettschicht auf beiden Steaks einritzen und reiben Sie sie mit Zitrone ein.

Den Grill 30 Minuten vorheizen. Legen Sie die Steaks 10 cm vom Herd entfernt auf die Grillschale. 9 bis 10 Minuten braten, Steaks wenden und 9 bis 10 Minuten auf der anderen Seite braten. Nehmen Sie die Steaks auf das Tranchierbrett.

Steaks mit Salz und Pfeffer würzen.

In Scheiben schneiden und sofort auf einzelnen Platten servieren.

95. Gefülltes Porterhouse-Steak

Ergibt: 1 Portion

ZUTATEN:
4 dick geschnittene Porterhouse-Steaks
1 8 oz. Frische Pilze; gehacktes Medium
2 Schalotten; geschält und in Scheiben geschnitten
(2 bis 3)
; dünn
2 Knoblauchzehen; gehackt (2 bis 3)
½ Tasse roter Kochwein oder Burgunder
2 Teelöffel Worcestershire-Sauce
4 Esslöffel ungesalzene Butter
Salz und frisch gemahlener Pfeffer
Butter bei mittlerer bis hoher Hitze in einer großen Bratpfanne schmelzen.

Pilze, Schalotten und Knoblauch anbraten, bis die Schalotten weich sind – 5 Minuten.

Wein oder Worcestershire-Sauce hinzufügen und kochen, bis die gesamte Flüssigkeit aus der Pfanne verschwunden ist und die Pilze anfangen zu bräunen.

Einen großen Teil der Steaks einschneiden und mit der Mischung füllen. Steaks auf einem Holzkohlegrill bis zum gewünschten Gargrad garen. Sofort servieren.

MARKKNOCHEN

96. Langsam gegartes Kalbfleisch mit Pflaumen und Lauch

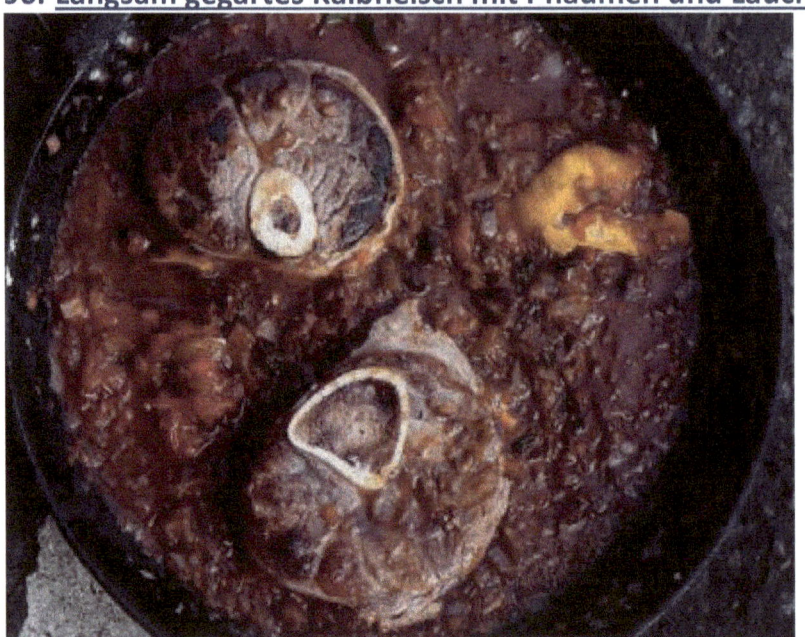

Reicht großzügig für 4 Personen
½ Tasse / 110 ml Sonnenblumenöl
4 große Ossobuco-Steaks, mit Knochen (insgesamt ca. 2¼ lb / 1 kg)
2 große Zwiebeln, fein gehackt (insgesamt etwa 3 Tassen / 500 g)
3 Knoblauchzehen, zerdrückt
6½ EL / 100 ml trockener Weißwein
1 Tasse / 250 ml Hühner- oder Rinderbrühe
eine 400-g-Dose gehackte Tomaten
5 Zweige Thymian, Blätter fein gehackt
2 Lorbeerblätter
Schale einer halben Orange, in Streifen
2 kleine Zimtstangen
½ TL gemahlener Piment
2 Sternanis
6 große Lauchstangen, nur der weiße Teil (insgesamt 800 g), in 1,5 cm dicke Scheiben geschnitten
7 oz / 200 g weiche Pflaumen, entkernt
Salz und frisch gemahlener schwarzer Pfeffer

DIENEN

½ Tasse / 120 g griechischer Joghurt
2 EL fein gehackte glatte Petersilie
2 EL abgeriebene Zitronenschale
2 Knoblauchzehen, zerdrückt

Heizen Sie den Ofen auf 350 °F / 180 °C vor.

2 Esslöffel Öl in einer großen Pfanne mit starkem Boden bei starker Hitze erhitzen. Die Kalbfleischstücke auf jeder Seite 2 Minuten braten, dabei das Fleisch gut bräunen. Zum Abtropfen in ein Sieb geben, während Sie die Tomatensauce zubereiten.

Entfernen Sie das meiste Fett aus der Pfanne, geben Sie zwei weitere Esslöffel Öl hinzu und fügen Sie die Zwiebeln und den Knoblauch hinzu. Wieder auf mittlere bis hohe Hitze stellen und etwa 10 Minuten lang anbraten, dabei gelegentlich umrühren und den Boden der Pfanne mit einem Holzlöffel abschaben, bis die Zwiebeln weich und goldbraun sind. Den Wein dazugeben, zum Kochen bringen und 3 Minuten kräftig köcheln lassen, bis der größte Teil verdampft ist. Die Hälfte der Brühe, Tomaten, Thymian, Lorbeer, Orangenschale, Zimt, Piment, Sternanis, 1 Teelöffel Salz und etwas schwarzen Pfeffer hinzufügen. Gut umrühren und zum Kochen bringen. Die Kalbfleischstücke in die Soße geben und umrühren.

Geben Sie das Kalbfleisch und die Soße in eine tiefe Backform von etwa 33 x 24 cm (13 x 9½ Zoll) und verteilen Sie es gleichmäßig. Mit Alufolie abdecken und für 2½ Stunden in den Ofen stellen. Überprüfen Sie während des Kochens ein paar Mal, ob die Soße nicht zu dick wird und an den Rändern anbrennt. Um dies zu verhindern, müssen Sie wahrscheinlich etwas Wasser hinzufügen. Das Fleisch ist fertig, wenn es sich leicht vom Knochen lösen lässt. Das Kalbfleisch aus der Soße nehmen und in eine große Schüssel geben. Wenn es kühl genug zum Anfassen ist, lösen Sie das gesamte Fleisch von den Knochen und kratzen Sie mit einem kleinen Messer das gesamte Mark heraus. Entsorgen Sie die Knochen.

Das restliche Öl in einer separaten Bratpfanne erhitzen und den Lauch bei starker Hitze etwa 3 Minuten lang kräftig anbraten, dabei gelegentlich umrühren. Über die Tomatensauce geben. Als nächstes vermengen Sie in der Pfanne, in der Sie die Tomatensauce zubereitet haben, die Pflaumen, die restliche Brühe sowie das Pulled Meat und das Knochenmark und löffeln Sie dies über den Lauch. Mit Folie abdecken und eine weitere Stunde weitergaren. Nach dem Herausnehmen aus dem Ofen abschmecken und bei Bedarf mit Salz und mehr schwarzem Pfeffer würzen.

Heiß servieren, mit kaltem Joghurt darüber löffeln und mit einer Mischung aus Petersilie, Zitronenschale und Knoblauch bestreuen.

97. Ossobuco mit Risotto

Ergibt: 1 Portionen

Zutat
- 2 Kalbshaxen
- 1 Tasse Arborio-Reis
- 2 Tassen Merlot
- 1 Teelöffel Zitronenschale
- 1 Tasse Hühner- oder Kalbsbrühe
- ½ Tasse gehackte Zwiebel
- 1 gehackte Knoblauchzehe
- ½ Tasse natives Olivenöl extra
- 1 Tasse frische Erbsen
- 1 gehackte mittelgroße Karotte
- ½ Teelöffel Muskatnuss

ANWEISUNGEN::
a) Die Kalbshaxe mit Zwiebeln, Knoblauch, Karotten und Olivenöl anbraten. Wenn es schön braun ist, geben Sie es für 20 Minuten in den auf 500 Grad vorgeheizten Ofen.
b) Aus dem Ofen nehmen, bei mittlerer Hitze auf den Herd stellen und Reis hinzufügen. 25 Minuten anbraten, dabei Wein und Brühe hinzufügen und dabei immer umrühren. Nach Geschmack Zitronenschale, Erbsen, Salz und Pfeffer hinzufügen.
c) Muskatnuss hinzufügen und für 15 Minuten in den Ofen geben.

98. Osso buco alla milanese

Ergibt: 6 Portionen

ZUTATEN:
4 Esslöffel Olivenöl
6 Portionen Kalbshaxe
¼ Tasse Mehl
1 Tasse Zwiebel, fein gehackt
½ Tasse Karotten, fein gehackt
½ Tasse Sellerie, gehackt
1 große Knoblauchzehe, gehackt
1½ Tasse trockener Weißwein
1½ Tasse Tomaten, geschält, entkernt, gehackt
1¼ Tasse Brühe (Kalb, Rind oder Huhn).
½ Teelöffel getrockneter Thymian
Salz und frisch gemahlener schwarzer Pfeffer
Gremolata

1 Das Öl in einem schweren Topf schmelzen, der groß genug ist, um das Kalbfleisch in einer einzigen Schicht zu halten. Haxenstücke mit Mehl bestäuben und bei mittlerer Hitze von allen Seiten leicht anbraten. Das Bräunen gelingt Ihnen möglicherweise leichter, wenn Sie nicht alle Haxen auf einmal in die Pfanne geben. Lassen Sie nicht zu, dass sie dunkel oder schwarz werden. Die Haxen aus der Kasserolle nehmen und die Hitze reduzieren.

2. Backofen auf 350 Grad vorheizen. 3. Zwiebeln, Karotten und Sellerie in den Auflauf geben und unter Rühren anbraten, bis sie weich werden. Knoblauch hinzufügen und eine Minute länger anbraten. Wein hinzufügen und bei mittlerer bis hoher Hitze kochen, dabei die Pfanne auskratzen, bis sich alle daran haftenden braunen Stücke gelöst haben. Tomaten, Brühe und Thymian unterrühren.

4. Geben Sie die Haxen zurück in die Kasserolle und begießen Sie sie mit der Soße. Mit Salz und Pfeffer würzen, abdecken und im vorgeheizten Ofen etwa anderthalb Stunden backen, bis das Fleisch beim Einstechen mit einer Gabel zart ist. Die Haxen während des Backens mehrmals begießen.

5. Die Haxen in eine Servierschüssel geben und warm halten. Soße abschmecken und bei Bedarf mit Salz und Pfeffer abschmecken. Wenn die Soße zu dünn ist (sie sollte etwa die Konsistenz von Sahne haben), stellen Sie die Pfanne auf den Herd und lassen Sie die Soße einige Minuten lang einkochen.

1. Die Soße über die Haxen gießen und mit etwas Gremolata belegen. Den Rest auf die Seite legen.

99. Ossobuco mit Gremolata

Ergibt: 6 Portionen

ZUTATEN:
Salz und frisch gemahlener Pfeffer nach Geschmack
4 fleischige Kalbshaxenstücke; (bis zu 6)
2 Esslöffel natives Olivenöl extra
2 Esslöffel ungesalzene Butter
1 Zwiebel; grob gehackt
3 Knoblauchzehen; gehackt
½ Teelöffel Oregano
28 Unzen italienische Pflaumentomaten; entwässert
1 Tasse trockener Weißwein
10½ Unzen Rinderbrühe; Fett abgemagert
½ Cupitalische Petersilie; gehackt
1 Zitrone; gerieben, Schale davon

Mehl mit Salz und Pfeffer würzen. Kalbshaxenstücke darin eintauchen, überschüssiges Material abschütteln.

Öl und Butter in einem großen ofenfesten Schmortopf oder Schmortopf bei mittlerer bis hoher Hitze erhitzen. Kalbshaxen dazugeben und von allen Seiten anbraten (die Stücke hinstellen, um auch die Seiten anzubraten). Kalbshaxen herausnehmen und auf Küchenpapier abtropfen lassen.

Reduzieren Sie die Hitze auf mittlere Stufe und fügen Sie Zwiebel, Knoblauch und Oregano hinzu. Unter gelegentlichem Rühren 10 Minuten kochen lassen. Tomaten, Salz und Pfeffer hinzufügen und zugedeckt bei mittlerer bis niedriger Hitze 10 Minuten lang köcheln lassen, dabei das Fett abschöpfen und die Tomaten mit einem Holzlöffel zerdrücken. Wein hinzufügen, Hitze erhöhen und zum Kochen bringen. Hitze reduzieren und ohne Deckel 15 Minuten köcheln lassen. In der Zwischenzeit den Ofen auf 350 Grad vorheizen.

Kalbshaxen wieder in die Auflaufform geben. So viel Brühe hinzufügen, dass das Fleisch gerade bedeckt ist.

Abdecken, in den Ofen stellen und 1½ Stunden backen. Den Deckel abnehmen und ca. 30 Minuten länger backen, bis das Kalbfleisch sehr zart ist.

Petersilie und Zitronenschale vermischen (das ist die Gremolata). Kurz vor dem Servieren über das Kalbfleisch streuen. Mit Pasta oder Risotto servieren.

100. Kalbshaxen Osso Buco

Ergibt: 1 Portionen

ZUTATEN:
4 Kalbshaxen, mittlerer Knochen, in 8 bis 10 Unzen große Portionen geschnitten
Salz und frisch gemahlener schwarzer Pfeffer
3 Esslöffel Olivenöl
2 Esslöffel ungesalzene Butter
1 große Zwiebel, gewürfelt, etwa 1 Tasse
1 Tasse gewürfelte Karotten
1 Tasse gewürfelter Sellerie
2 Knoblauchzehen, fein gehackt
1 Tasse trockener Weißwein
3 Esslöffel Orangenschale
1 Esslöffel Zitronenschale
½ Tasse Orangensaft
¼ Tasse Zitronensaft
1 Tasse Pflaumentomaten aus der Dose, entkernt und leicht zerdrückt
2 Tassen heiße Rinder- und Kalbsbrühe
2 Esslöffel gehackter frischer Thymian
2 Lorbeerblätter
Mehrere Zweige frische Petersilie
Gremolada, Rezept folgt
Ofen vorheizen auf 350 Grad.

Das Kalbfleisch mit Salz und Pfeffer würzen. Erhitzen Sie Olivenöl und Butter zusammen in einer großen, schweren Pfanne und braten Sie die Kalbshaxen bei starker Hitze von allen Seiten etwa 10 Minuten lang an, bis sie gut gebräunt sind. Nehmen Sie die gebräunten Kalbshaxen aus der Pfanne und legen Sie sie in eine ofenfeste Auflaufform. In dieselbe Pfanne, in der Sie das Kalbfleisch angebraten haben, das gewürfelte Gemüse zusammen mit dem Knoblauch geben und 3 bis 4 Minuten anbraten.

Wenn das Gemüse zu garen und zusammenzufallen beginnt, den Weißwein hinzufügen und die Pfanne ablöschen. Die beiden Schalen und Säfte dazugeben und einige Minuten einkochen lassen. Anschließend die Tomaten dazugeben, aufkochen lassen und vorsichtig über die Kalbshaxen in den Schmortopf gießen.

Die heiße Brühe und die Kräuter in den Topf geben und zugedeckt 1 Stunde und 45 Minuten schmoren. Das Kalbfleisch sollte gabelzart sein und sich beim Herausnehmen aus dem Ofen gerade vom Knochen lösen. Nicht herausnehmen, bis die Gabel weich ist. Nachdem Sie das Kalbfleisch aus der Gemüsesauce genommen haben, rühren Sie die Gremolada unter und lassen Sie es durch die Gemüsesauce erwärmen. Die Kalbshaxen servieren und etwas Soße darüber löffeln.

Vor dem Servieren 10 Minuten abkühlen lassen.

SCHLUSSFOLGERUNG

Dieses Kochbuch ist eine Zusammenstellung der bewährtesten Steaks, die jedes Mal zarte, saftige Stücke ergeben. Ganz gleich, ob Sie auf dem Grill, mit einem Gusseisenkocher oder sogar einem Instant Pot arbeiten, hier finden Sie jede Menge familienfreundliche Gerichte. Außerdem finden Sie hier budgetbewusste Rezepte, mit denen Sie Ihr Lebensmittelbudget noch weiter ausdehnen können, sowie unsere Lieblingsrezepte für ausgefallene Steaks für romantische Abendessen zu Hause. Genießen!

Ingram Content Group UK Ltd.
Milton Keynes UK
UKHW021150220623
423869UK00009B/24